学术研究专著·信息工程

ZHIHUI XINXI XITONG ANQUAN FANGHU JISHU
指挥信息系统安全防护技术

主 编 蒲林科 蒲 星

西北工业大学出版社

西安

【内容简介】 本书重点介绍了现代指挥信息系统安全防护技术的发展现状和发展趋势。全书共九章。内容包括指挥信息系统安全防护的主要特征、计算机系统安全防护技术、指挥网络安全防护技术、巡航导弹防御、无人机防御、激光武器防御、反辐射武器防御、电磁脉冲弹/高能微波弹防御和生物武器防御等。

本书是研究指挥信息系统电子战防御、计算机病毒战防御和网络战防御的重要工具,是研制指挥信息系统科研项目的重要参考。本书可作为相关专业科研人员和高等院校师生的教学参考书籍。

图书在版编目(CIP)数据

指挥信息系统安全防护技术/蒲林科,蒲星主编.
—西安:西北工业大学出版社,2017.12
ISBN 978-7-5612-5725-8

Ⅰ.①指… Ⅱ.①蒲… ②蒲… Ⅲ.①作战指挥系统—信息系统—安全防护—研究 Ⅳ.①E141.1-39

中国版本图书馆 CIP 数据核字(2017)第 284431 号

策划编辑:雷 军	
责任编辑:张 潼	
出版发行:西北工业大学出版社	
通信地址:西安市友谊西路 127 号	邮编:710072
电 话:(029)88493844 88491757	
网 址:www.nwpup.com	
印 刷 者:兴平市博闻印务有限公司	
开 本:710 mm×1 000 mm	1/16
印 张:10.75	
字 数:205 千字	
版 次:2017 年 12 月第 1 版	2017 年 12 月第 1 次印刷
定 价:42.00 元	

前　言

2013年美国的"棱镜门"事件（爱德华·斯诺登曝光了美国情报部门搜集海量国际互联网和电话记录的跟踪程序）骤使全球聚焦国家安全问题，引发了世界多国的恐慌和外交抗议，也使得指挥信息系统安全防护的重要性空前凸显。

《指挥信息系统安全防护技术》一书以前沿的科研和情报信息为依据，以翔实的材料为支撑，以军事发展需求为牵引，以科技创新为主线，力求全面、准确地描述现代指挥信息系统安全防护技术的发展方向。

全书共九章，可分为两大部分：第一章至第三章为第一部分，主要描述指挥信息系统安全防护的主要特征、计算机系统安全防护技术和指挥网络安全防护技术；第四章至第九章为第二部分，主要描述巡航导弹防御、无人机防御、激光武器防御、反辐射武器防御、电磁脉冲弹/高能微波弹防御和生物武器防御技术。

本书是研究指挥信息系统电子战防御、计算机病毒战防御和网络战防御的重要工具，是瞄准世界指挥信息系统安全防护技术发展趋势、制定指挥信息系统发展战略的参考文献。本书也可作为相关专业科研人员和高等院校师生的教学参考书籍。

本书是笔者对多年来从事指挥信息系统研制及课题项目研究报告的汇总和提炼。蒲林科，蒲星负责了全书的编写及统稿工作，崔琳、蒲烨、蒲伟芬、郭琳、蒲伟宁、蒲大卫、蒲健彤、何宁军、蒲伟博、蒲伟洁参与了个别章节的编写和修改。

在本书的编写过程中，笔者得到了中国电科集团公司第28研究所各级领导、有关专家和同事们的指导、支持和帮助，在此一并表示衷心的感谢。

由于所掌握的资料有限，也限于笔者的水平，书中难免有一些值得进一步研究探讨的问题，不妥之处，敬请读者指正。

编　者

2016年12月于南京

目 录

第一章 指挥信息系统安全防护的主要特征 ……………………… 1
第一节 指挥信息系统是现代战争攻击的首要目标 ……………… 1
第二节 指挥信息系统面临的主要威胁 …………………………… 2
第三节 指挥信息系统安全防护的主要特征 ……………………… 3

第二章 计算机系统安全防护技术 ……………………………… 8
第一节 计算机病毒战的基本特点 ………………………………… 8
第二节 计算机系统安全防护策略 ………………………………… 11
第三节 信息战条件下指挥信息系统安全防护数学模型 ………… 15

第三章 指挥网络安全防护技术 ………………………………… 18
第一节 黑客攻击和网络战的基本特点 …………………………… 18
第二节 指挥网络安全静态防护策略 ……………………………… 21
第三节 指挥网络安全动态防护策略 ……………………………… 26

第四章 巡航导弹防御 …………………………………………… 29
第一节 巡航导弹发展概况 ………………………………………… 29
第二节 巡航导弹防御技术 ………………………………………… 40
第三节 美军巡航导弹防御计划 …………………………………… 54
第四节 巡航导弹航迹规划动态几何算法优化研究 ……………… 61

第五章 无人机防御 ……………………………………………… 76
第一节 未来无人化战场的主角——无人机 ……………………… 76
第二节 无人机指挥信息系统及其发展趋势 ……………………… 90
第三节 对无人机的预警探测 ……………………………………… 107
第四节 无人机航迹规划 SAS 算法优化研究 …………………… 112

第六章 激光武器防御 ·· 121

第一节 激光武器系统发展概况 ································· 121
第二节 激光武器开始走向实用 ································· 126
第三节 激光武器防御策略 ······································· 130

第七章 反辐射武器防御 ·· 138

第一节 反辐射导弹的发展概况 ································· 138
第二节 反辐射无人机的发展概况 ······························ 142
第三节 反辐射武器防御技术 ····································· 144

第八章 电磁脉冲弹/高能微波弹防御 ···························· 150

第一节 电磁脉冲弹/高能微波弹的特点 ······················ 150
第二节 电磁脉冲弹/高能微波弹对指挥信息系统的严重威胁 ······ 152
第三节 电磁脉冲弹/高能微波弹防御技术 ···················· 154

第九章 生物武器防御 ·· 159

第一节 生物武器的分类及其特点 ······························ 159
第二节 生物武器对指挥信息系统的危害 ····················· 162
第三节 生物武器防御策略 ······································· 164

参考文献 ··· 166

第一章
指挥信息系统安全防护的主要特征

第一节 指挥信息系统是现代战争攻击的首要目标

信息技术的发展，孕育了一种新的战场装备体系；计算机技术的突飞猛进，推动了新一代指挥信息系统的发展。

C^4ISR（指挥、控制、通信、计算机、情报、监视、侦察）系统是第二次世界大战（以下简称"二战"）之后出现的新事物，是以电子装备为基础，集指挥、控制、通信、计算机、情报与电子对抗于一体，能够对部队和武器实施指挥控制的人机系统。它的出现受到各国、各地区的广泛重视，但它的作用，只是在被称为"第一次信息作战"的海湾战争中才突出表现出来。此后，各军事大国，特别是美国开始加强了对 C^4ISR 的研究。有人认为 C^4ISR 系统不仅是"兵力倍增器"，更是现代军事力量的"赋能器"，因为它能使武器系统或武器系统群的效能提高数十倍且具备新功能。俄罗斯军方则把 C^4ISR 系统看作是二战后继核武器、弹道导弹之后的第三次革命性武器。

军队打不赢，一切等于零。在信息化环境中，随着指挥信息系统自动化程度和效率的不断提高，现代战争都无一例外地把攻击敌方指挥信息单元作为作战的首要目标。

网络技术的突飞猛进及其在军事领域的广泛应用已经引发了一场新军事革命。信息战、网络中心战作为全新的作战式样，已在近期发生的几场高科技局部战争中渐露头角，作战双方都把制信息权的夺取和保持作为战役作战的首要任务。作为信息战核心的指挥控制战，即根据统一意图和计划，综合运用心理战、战役伪装、电子战、网络战、作战保密和实体火力摧毁等手段，防止敌方获取信息，攻击敌方 C^4ISR 系统，破坏其信息流，以影响、削弱或摧毁敌方 C^4ISR 系统的指挥控制能力，同时保护己方 C^4ISR 系统。正是由于指挥控制系统的这种极端重要性，决定了它成为信息战优先攻击的目标；而指挥控制系统的脆弱性和易受攻击性，又决定了它将成为未来战争首先遭受打击的对象。

透视最近 20 多年来爆发的几场局部战争，包括 1991 年的海湾战争、1999 年的科索沃战争、2001 年 10 月开始的阿富汗战争和 2003 年的伊拉克战争，这些战争虽然背景、对象、规模各不相同，但有一点却是完全相同的，那就是战争之初，首先遭到美军攻击的是对方的指挥信息系统，而先发制人的作战方式就是指挥控制战。

海湾战争开始时，美军提前 24 h 发起对伊拉克军队指挥控制中心和通信网络的强大信息战和电子压制，使伊拉克军队的雷达迷盲、通信中断、指挥失灵，为美军尔后的空袭创造了条件。

科索沃战争中，北约军队同样是先从南联盟的指挥信息系统下手的，美军还首次使用了新的电子战武器——电磁脉冲炸弹，轰炸和干扰了南联盟军的指挥信息中心和通信系统。网络战作为一种作战式样用于实战也是从科索沃战争开始的。美、英等国还开设专题网站，对南联盟的网络实施攻击，并利用计算机病毒企图瘫痪南联盟军的指挥信息系统，进而搅乱南联盟的整个金融系统。美军亦通过互联网发布反南联盟政府的宣传材料，丑化米洛舍维奇，为军事打击制造借口。

阿富汗战争中，美军使用先进的电子战手段，侦听、监视"基地组织"和塔利班的活动，打蛇先打头，利用钻地弹等新式武器先后摧毁了 39 处指挥信息中心、设施以及 11 个基地组织的训练营地，其中部分指挥所还设在有数百年历史的洞穴中。美军轰炸机使用的最新目标瞄准技术、激光制导或全球定位系统制导的巨型炸弹都首先定位于恐怖分子的各个指挥部。美军在阿富汗作战的特种部队里还部署了专门的心理战部队。

伊拉克战争中，美军以"斩首行动"拉开了战争的序幕。与此同时，伊军的指挥信息中心、导弹阵地、飞机场即刻遭到了美军巡航导弹的猛烈攻击，使得伊军很快丧失了制空权，也无法实施有效的反击作战。

第二节　指挥信息系统面临的主要威胁

不同层次的指挥控制系统执行不同的任务，其基本功能大都可以概括为下述 3 方面。

1. 情报信息获取和分发

通过各种传感器和不同手段获取敌方的兵力部署、装备配置和数量、作战意图、威胁情况、打击效果等连续不间断的战场态势，经过综合处理后快速分发到上级、下级和友邻部队。

2. 对人员和武器装备的指挥控制

根据瞬息万变的战场态势，合理调动兵力和武器装备，与友邻部队协调一致，保证信息资源和能量资源实现最佳结合，发挥系统整体优势，完成作战任务要求。因此，C^4ISR 系统的中心任务是实现系统诸环节和诸要素的无缝结合，实现系统信息和能量的最优化运用，以最小损耗达成最佳的作战效果。

3. 可靠的通信保障

完成报文、话音、数据、图像和视频信号的传输，为情报/信息的传送和分发、武器装备和人员的指挥与控制提供保障条件。

信息战环境下指挥信息系统面临的威胁可分为硬打击和软打击两种。

1. 硬打击

C^4ISR 系统面临的硬打击主要是各种精确制导武器和新概念武器的打击。21世纪武器装备的基本特征是隐身、远程、精确和通用，作为体系对抗的首要目标，C^4ISR 系统面临着几乎所有不同种类精确制导武器的打击，如地地战术导弹、巡航导弹、空地导弹、灵巧弹药等，钻地弹头还可打击地下指挥中心。这些精确制导武器的命中概率多大于50%，而且突防能力强、作战机动灵活，对 C^4ISR 系统构成了严重的威胁。电磁脉冲弹/高能微波弹和激光武器专门攻击 C^4ISR 系统的信息网络节点，降低系统的使用效能，甚至使系统瘫痪。

2. 软打击

软打击多针对 C^4ISR 系统的传感器、计算机系统和通信网络，主要表现为电子压制、干扰、计算机病毒和网络攻击，其中计算机病毒突发性强、防不胜防，轻则干扰 C^4ISR 系统的正常工作，重则使系统崩溃。

第三节　指挥信息系统安全防护的主要特征

指挥信息系统安全防护有以下几方面的主要特征。

1. 攻击武器和作战方式的先进性

现代战争，用于攻击指挥控制系统的武器装备十分先进，其中以精确制导的巡航导弹、激光制导的钻地弹、新近研制成功的电磁脉冲弹或高能微波武器等各种新概念武器和各式隐形轰炸机、性能先进的联合攻击战斗机为主，还有从事信息破坏的计算机黑客攻击和软件攻击。

这十多年来发生的几场大的局部战争，美军都采用了高超的作战方法。

(1) 打头阵的信息战。这几场局部战争，美军都是首先动用先进的侦察卫星、无人侦察机、空中和地面侦察设备、GPS卫星导航系统对敌方进行全方位、大纵深的信息侦察与定位。然后采用软硬杀伤手段对敌方的指挥控制中心、通信、雷达等重要军事设施进行硬摧毁和电子软打击。阿富汗战争期间，美军仅一轮空袭就发射了50枚巡航导弹，相当于海湾战争发射总数的1/6，使阿富汗的军事目标遭到严重摧毁。美军还利用部署在土耳其空军基地和海军航母上的 EA-6B 电子战飞机对预定空域进行强电磁干扰，然后各种作战飞机在 E-3 预警机的统一指挥下，攻击阿富汗的指挥通信系统、兵器制导系统和地面雷达。在阿富汗战争期间，美军特种部队进入阿富汗，在主要交通要道和秘密地点安装监测仪，监视阿富汗部队的行动，并利用报话机引导美军飞机进行攻击。

早在阿富汗战争开始之前，美军就对个别存有拉登资金的银行账户进行了网络攻击。美国黑客还对阿富汗总统府网站进行了拒绝服务攻击，将许多塔利班网站的主页改成了对拉登的通缉令。

（2）"以空制地"的非对称作战。目前，空中打击已经发展成为现代战争的主要作战方式。在43天的海湾战争中，美英部队进行了39天不接触作战的空中打击和4天"打扫战场"的地面作战。空袭摧毁了伊拉克军队60%的防御能力，对整个战争的结局起到了决定性的作用。而科索沃战争是纯粹的"空袭战争"，在78天的空袭作战中，美军投入了近1 000架飞机和包括3艘航空母舰在内的58艘舰船，投掷各型导弹、炸弹2.3万余枚，对南联盟2 000多个地面军事、民用目标进行了多轮次、多波次的大规模、高强度的狂轰滥炸。同样，在阿富汗战争中，美军通过第一阶段的强大空袭，摧毁了塔利班的防御设施。B-52，B-1轰炸机的机组人员通过掌上电脑和卫星传递的信息与地面特种部队人员联系，投下各种精确制导炸弹，在塔利班和基地组织全然不知的情况下进行空袭。

这几场战争，空袭使美军出尽了风头，充分显示出了它克敌制胜的优越性。依靠先进的侦察卫星、侦察飞机等侦察监视平台和巡航导弹、隐形飞机等远程打击兵器，美军的夜间空袭实现了"我们看得见敌人，敌人看不到我们；我们打得着敌人，敌人打不着我们"的一方打击、一方被动挨打的作战。美军的B-2，B-1B和B-52轰炸机可以从美国本土长途奔袭上万公里，使敌方在不知不觉中遭到空袭。

（3）"指哪打哪"的超视距精确战。美军的全球定位系统制导武器、激光制导武器已经把命中误差缩小到了1~3 m的范围。指挥控制系统指到哪里，精确制导武器就能打到哪里。精确打击的前提条件是精确探测和精确定位。美军靠一整套由空间卫星、侦察飞机等组成的高效能探测手段，及时准确地发现目标。美军的探测范围可达攻击国的大部分战略、战役目标，探测距离可达数百、数千公里。海湾战争中，美军的一架F-117隐形轰炸机隐蔽突入巴格达上空，只发射了一枚激光制导炸弹，便准确击中并摧毁了伊拉克的电话电报大楼。科索沃战争中，美军在战前一年多时间里就已对包括我国驻南联盟大使馆在内的各类目标进行了定位，为开战后的精确打击提供保障。被美军称为"人类历史上最精确的战争"的阿富汗战争，美军共投掷了2.2万枚导弹和炸弹，其中约75%的弹药击中并摧毁或部分破坏了目标。美军可在几千公里之外实施超视距（远程）攻击，超视距精确作战的好处就在于能在敌方武器系统的有效杀伤距离之外通过精确制导武器摧毁目标。

但美军的精确制导武器也常常会失准，在阿富汗战争期间，大约有1/4的炸弹偏离目标。2001年12月，一枚精确制导炸弹偏离目标，不但炸死了3名美国陆军特种兵，还差点伤及阿富汗临时政府主席卡尔扎伊。在对付移动目标、洞穴或地下目标时，美军的超视距精确战也常常显得无能为力。

(4) "来去无踪"的隐形战。隐形战正在成为美军进行局部战争的看家本领。这十多年间的几次战争中，B-2、B-1B隐形战略轰炸机、F-117隐形轰炸机都担纲了作战的主角。据《美军海湾战争总结报告》称，在海湾战争中美军空袭的第一个晚上，被攻击战略目标任务的35%是由F-117A隐形轰炸机承担的；在海湾战争全过程中，F-117A出动架次只占全部轰炸机出动架次的2%，却承担了被攻击战略目标40%的任务；它不需要各种空中支持力量，如战斗机和电子战飞机的支援。巡航导弹是专为躲避雷达探测而研制的超低空飞行的导弹，由于地球曲率对电波的遮挡，雷达只能在很短距离之内才能发现它，往往还来不及做出射击反应，巡航导弹就已飞出了雷达的探测范围。"战斧"巡航导弹也不需要空中预警机、战斗机和电子战飞机的协助，是接到通知就能实施攻击的唯一一种武器。反辐射导弹是专门对付雷达系统的导弹。海湾战争中美军发射了2151枚昂贵的高速反辐射导弹，使伊拉克的每部雷达均遭受到4~8枚反辐射导弹的袭击，几乎摧毁了全部伊拉克的雷达。雷达的被摧毁导致了伊拉克整个防空系统的瘫痪，使居世界第6位的伊拉克空军失去了战斗力（见图1.1）。

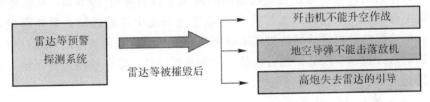

图1.1 美军隐形战使伊拉克整个防空系统瘫痪示意图

2002年3月，美国总统布什、国务卿鲍威尔和国防部长都曾表示，美军特别是空军装备将要向全方位隐形化方向发展。最近几年之内，美空军将装备3000多架隐形战机，并计划近期组建一支由12架B-2隐形轰炸机和48架F-22隐形战斗机组成的能够快速部署且能在一天之内摧毁270多个目标的小型"全球隐形打击特遣部队"，担负摧毁敌方指挥控制中心、防空导弹系统等重要目标的作战任务。

(5) "攻城先攻心"的心理战。"攻心为上，攻城为下"自古以来就是军事家们心往神追的信条。信息时代，心理战不再单单是一种辅助的作战手段和样式，已成为在全时空、全方位、多层次发挥作用的战略行动。心理战在削弱和瓦解敌军战斗意志，降低己方作战人员伤亡等方面起了十分重要的作用。因此，美军十分重视心理战部队的建设。目前，美军的心理战部队作为特种部队的一部分，由一个现役心理战大队、两个后备役心理战大队和一个心理战战略研究中心组成。

战争中，各军种都有实施心理战的具体任务。海湾战争开始前，美军的心理战部队在伊拉克边境就已大肆渲染美军的作战能力和新式武器的威力，对伊军形成巨大的心理威慑，使其不敢轻举妄动。战争中，美军除了利用传统的心理战手段之外，还广泛使用卫星定位、测向和电视转播、计算机信息处理、信号模拟技术等高科技手段开展心理战活动。心理战部队并且深入伊拉克境内，将反对伊政府和宣传美军实力、战果的录音带散发到巴格达地区。地面战争期间，伊军共有8.7万名官兵投降，其中绝大多数投诚、逃亡或投降的伊军手里都持有美军的心理战宣传品。这一战果被称为美军的"心理战奇迹"。阿富汗战争中，美军的心理战部队很好地配合了军事打击行动。心理战部队通过空投传单、发放食品、战场喊话、无线电广播等活动分化瓦解塔利班的士气，促使一批又一批塔利班士兵投降。这些成果表明，美军正在从过去倚重的"物理暴力打击"向以军事实力为基础、发展"心理暴力打击"的方向转变。

2. 军事伪装欺骗的必要性

指挥控制系统作为现代战争的大脑和神经中枢，其重要作用已显得越来越突出。在这个"发现了就意味着摧毁"的时代，一旦被敌方发现可能还来不及做出反应就遭到了摧毁，根本没时间对对方实施反击。在阿富汗战争期间，美英部队从发现目标到战机飞临头顶实施攻击的时间大多没有超过 10 min，从基地或航空母舰上起飞的作战飞机的飞行员 80% 是在飞行途中才被告知去轰炸哪里，因为目标的选择总是根据战场情报的不断更新而更新的。如此快速的作战过程，促使我们对指挥控制系统必须进行伪装、增加其机动性，以使被敌侦察系统发现的概率降到最低。

3. 作战空间的无界性

美军的远程打击能力已达到了数千甚至上万千米，B-2隐形轰炸机可以从美国本土长途奔袭1.8万千米进行作战。目前，美军已经有能力选择打击目标，即对"先打谁，后打谁，重点打击谁"提前作出规划，由此彻底突破了传统的"战线"和"战场"的概念。美军的空中打击打到哪里，哪里就有战线；美军的夜间空袭打到哪里，哪里就变成了战场。美军还可根据作战需要对打击手段和作战武器进行调整组合，如可使用空中、海上、地面的不同发射平台发射炸弹，以增强打击效果。美军还可根据不同目标，使用不同炸弹进行攻击，以形成最佳的作战能力。

网络战已没有了战区的概念，它构制了新的作战空间。除了在传统的物理战场上抗争之外，网络战更多的是在以电磁空间、网络空间为主的虚拟战场进行着"没有硝烟的战斗"。

4. 攻击过程的突然性

美军的精确打击实现了真正意义上的"全纵深作战""立体作战"和"瘫痪

作战"。由于超视距精确打击的突然性，战争已没有了绝对的后方、纵深和安全区。只要被侦察系统发现，美军即会在瞬间对目标发起攻击，美军最新研制成功并首次部署于阿富汗战场的"全球鹰"无人侦察机，能在发现目标之后 5 min 之内发动攻击。而网络战，无论是无线耦合攻击还是有线因特网攻击，都会在几秒或几分钟的瞬间完成。

5. 作战目的的损毁性

现代战争的作战目的已从过去的"杀人、掠地"逐步发展到现在"毁物、换首脑"的"零伤亡战争"。从 1991 年海湾战争起，美国一直致力于推翻伊拉克萨达姆政权。科索沃战争中，北约 78 天的狂轰滥炸迫使南联盟总统米洛舍维奇下台并将他投入设在海牙的监狱。阿富汗战争中，美军军事革命所强调的战果不是占领土地而是获得信息，美军在阿富汗所使用的许多新的技战术的目的并非用于摧毁而是为了获取情报。美国通过战争剥夺了塔利班的政权并摧毁了基地组织对阿富汗的控制。这些战争，美军依靠大量先进的武器装备和战略、战术，依靠"大量的钢铁和计算机，少量的参战人员"取得了各次战争的胜利，而美军的人员伤亡每次都微乎其微。

信息战的作战目的就是使敌人的指挥失灵、系统瘫痪、通信中断、信息失效、武器失控、人员丧失战斗意志，并最终使其减弱或丧失整个作战能力。

当然，这十多年间，由美国发动的历次局部战争也存在着很大的局限性：从技术上说，超视距精确打击还做不到真正的智能化。一旦掌握了美军空袭的规律性，只要经常变动伪装模式，就能使美军的空袭效果大打折扣。例如，科索沃战争期间，南联盟军队经常运用帐篷、废旧汽车轮胎改变一些指挥控制中心周围的地貌地物，或燃烧废旧轮胎产生浓烟，从而使美军的巡航导弹找不到攻击目标，只好最后燃料烧尽坠地。目前，美军对复杂地形上的目标、隐蔽良好的目标和机动目标的攻击效果还都难以奏效。而且，打击效果评估受技术的局限，也还没有完全解决。比如空袭南联盟的效果究竟如何，美军说摧毁了南联盟 90% 的指挥控制中心和军事设施，而南联盟说仅损失了 30% 的部队装备，双方各执一词，因此至今谁也搞不清楚。

这些年，美军选择的打击对象都是些经济落后、军力无法与美军相抗衡的弱小国家。自 1975 年历时 12 年的越南战争以美军的失败而宣告结束之后，美国为了维护其"世界警察"的地位，到处挑起战争，但每次都选择弱小国家作为自己的对手。1983 年美军入侵格林纳达、1986 年美军空袭利比亚、1989 年美军入侵巴拿马，而这些小国在美军的眼里都是些"软柿子"。近十几年间，美军遇到最大的作战对手是伊拉克，持续 12 年的军事打击和经济封锁使伊拉克的经济和军事实力遭受重创，2003 年的伊拉克战争才使得萨达姆政权被推翻。

第二章
计算机系统安全防护技术

第一节 计算机病毒战的基本特点

进攻性信息行动和防御性信息行动都把信息作战核心的指挥控制单元作为打击的重点和打击的中心。指挥控制单元包括指挥控制系统、武器控制系统、通信系统、侦察探测系统和后勤保障系统。指挥控制系统主要以计算机系统为神经中枢组成。

指挥控制系统面临的威胁分为硬打击和软打击两个方面。其硬打击主要包括各种精确制导武器（如巡航导弹、精确制导导弹、钻地弹）以及各种新概念武器（如电磁脉冲弹/高能微波弹、强激光武器、粒子束武器、生物武器、纳米武器）的打击。软打击多针对 C^4ISR 系统的计算机系统、传感器和通信网络，主要表现为电子压制、电子干扰、计算机病毒和"黑客"攻击。

C^4ISR 系统是以计算机系统为核心的技术装备与指挥人员相结合，对部队和武器实施指挥控制的人机系统。信息战和战场数字化都以指挥控制系统为中心，以计算机平台为基本，使现代战争的战场景象为之一新。海湾战争之后的历次战争，美军的整个作战系统都极度依赖计算机，其预警机、电子战飞机、侦察机、遥控飞行器、导弹、制导炸弹以及海陆空三军的所有军事行动都在 C^4ISR 系统的统一指挥控制下进行。最典型的要算美国陆军从 1994 年开始实施的数字化部队建设，其目的是通过计算机和通信系统把战场上的单兵、单个作战平台和战场指挥控制系统联为一体，形成一个巨型的作战信息网络系统。

有人说，21 世纪是计算机战的世纪。计算机对战争的影响越来越大，一旦遭受攻击后果不堪设想。

计算机战可分作计算机病毒战和计算机网络战。据统计，我国目前有 55% 以上的计算机受到病毒的感染。2001 年世界发生的十项重大事件中，位列 9·11 之后的第三大事件，就是"红色代码"计算机病毒攻击事件，因此，有人也把 2001 年定名为"计算机病毒年"。

计算机病毒实际上就是专门用来破坏计算机正常工作的特殊程序。它以计算机能够运行的代码方式隐藏在计算机硬盘、软盘、光盘、网络或其他外部设备中，能够自我复制和侵入其他有用程序之中，以篡改、损坏程序的有效功能。当用户运行一个带病毒的可执行文件时，首先执行的是病毒程序。病毒程序在执行过程中，如果驻留内存，它首先会修改中断向量，使这个中断向量指向病毒，以便及时获得控制权。如果不驻留内存，它将寻找感染对象进行传染。

计算机病毒不同于一般程序而独具特殊性：①传染性，它具有强再生和传染机制。②潜伏性，寄生于其他程序之中的计算机病毒往往需要等待特定的时间或事件才会触发。③隐蔽性，计算机病毒破坏其他程序和数据的过程不易被察觉。④突发性，计算机病毒具有难以防备的突然性。⑤破坏性，它会给用户造成灾难性和长久的危害。

世界上现有多少种计算机病毒，是几十万种还是上百万种，谁也无法说得清。2001年，美军投资2 500万美元继续悬赏、招募软件专家编写可用作武器的计算机病毒，并试验通过无线方式向敌方信息设备强行注入病毒，意在战争条件下用它"摧毁敌指挥控制系统和通信线路，在敌人内部传递经篡改的信息"。1999年，第一代"病毒固化"微型芯片技术在美军问世，一旦需要，这些平时发现不了的"固化病毒"便被有线或无线方式遥控激活，使装备这类产品的军队不打自瘫。据称美军于1990年12月已成功地将这一技术用于海湾战争：他们暗地里用一套带有"固化病毒"的微型芯片取代伊军进口用于控制和协调防空炮兵部队行动的计算机打印系统中的芯片，从而使伊拉克军队在海湾战争中丧失了对空防御作战的能力。伊朗布什尔核电站中，美国在德国西门子的控制卡件的硬件上植入病毒，报废了整个伊朗核设施的控制系统和设备，使伊朗核计划整整推后一年多。最近，美军研制的"计算机病毒枪"能从遥远的距离"送毒"上门，使敌方的指挥控制中心、飞机、坦克和舰艇中的电子系统"患病"。

1999年某国有关部门发现，一旦联入国际互联网，CPU奔腾Ⅲ芯片序列号功能会自动向Intel公司发回用户信息。奔腾系列的某种处理芯片也存在一种缺陷（bug），这种处理器对非法指令不作任何响应，而是直接导致死机。1997年澳大利亚海军发现Windows 95会自主地向微软公司发送本机的配置信息。Windows 98也预留了会泄露用户个人资料的"秘密通道"。微软公司的IE浏览器有能力在用户浏览域名时辨认出用户身份。另外，某版本Windows NT也存在一种缺陷，当计算机收到一个空数据包时，会导致不明的死机现象。就连2001年最新推出的Windows XP也存在类似的"后门"问题。

总之，在各种对计算机系统进行攻击的武器当中，与生俱来的计算机病毒、谈之色变的黑客攻击、防不胜防的计算机"后门"问题等，不仅严重危害着计算机系统的安全，而且对我国国防和国民经济的安全也构成了巨大威胁。各种计算机攻击武器如图2.1所示。

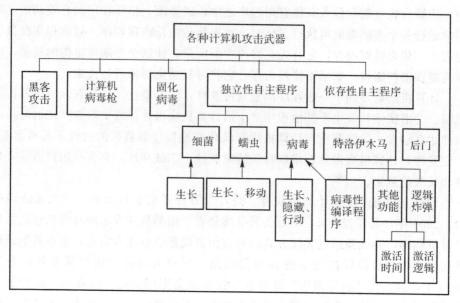

图 2.1　各种计算机攻击武器

1. 计算机病毒的严重危害

（1）计算机病毒能直接攻击敌指挥信息系统。C^4ISR 系统是由成百上千台计算机和巨大的网络构成的，只要计算机病毒成功地攻击其中的某一部位或某个环节，就会使其无法正常工作，从而导致整个系统工作不畅。1995 年 9 月美军进行了一场代号为"联合勇士"的军事演习：一名年轻的上尉军官把从普通商店中购得的计算机和调制解调器与当地的互联网相联通，将有病毒的电子邮件发向一支海上舰队，不一会儿，一艘停泊在海面上的价值千万美元的军舰的指挥权就落入了他的手中，而舰长竟浑然不知。随着计算机病毒在各军舰计算机中的不断复制，海上的军舰一艘接一艘地拱手交出了指挥权，使整个舰队在一个人操纵的计算机面前不战而败。

（2）计算机病毒可扰乱敌国国家经济。一位美国专家曾经说："用计算机进行战争比用核武器进行战争更为有效。现在敌对国家若要摧毁美国，只需扰乱美国银行的计算机系统，几分钟就能盗走上千亿美元。这足以使美国的经济彻底崩溃。"1985 年 11 月 21 日，纽约银行的软件程序由于染上计算机病毒，该银行的电脑不能接受进账，却可以给所有账单付款，仅在那一天，纽约银行就短缺了 230 亿美元。

（3）计算机病毒能破坏敌民用系统。现在各国的电信业、电力、银行和交通系统的庞大电子信息系统更易遭受计算机病毒的攻击，任何敌人对上述系统的攻击都会给该国带来巨大的损失。1998 年 11 月，美国康奈尔大学计算机专业研生莫里斯把自己研制的病毒注入计算机网络，使 8 500 台计算机陷入瘫痪，一半以上的计算机关机达 36 h。整个事件造成的经济损失不少于 9 700 万美元。

2. 计算机病毒的攻击方式

（1）无线方式。可以通过无线电把病毒码发射到敌方电子系统之中，这是计算机病毒战的最佳方式。可能的途径有：①通过通信频谱侦察、信道参数分析、通信格式剖析、通信密码破译等步骤，可直接对敌方电子系统的无线电接收器或设备发射病毒，使接收器对其进行处理并把它传染到目标机上。如计算机病毒枪，可发射带病毒的电磁波，使计算机程序错乱而丧失作战能力。美军声称，一支合格的计算机病毒枪就能使像"米格-29"那样世界一流的战斗机在 10 s 内变成一块空中废铁。②冒充合法无线传输数据。试验表明，只要事先掌握了敌方计算机系统之间的通信规则，就可以通过发射很高能量的电磁信号，利用敌方系统的各种接口、端口或缝隙，将计算机病毒程序注入其中。计算机病毒也可以冒充敌方计算机间的通信数据或程序，使接收方将其当作正确的内容接收下来，进入 C^4ISR 系统内部。③寻找敌电子信息系统防护最差的节点进行病毒注入，或通过敌方未加保护的数据链路将病毒传染到目标之中。

（2）有线方式。现在大部分的计算机系统是靠有线网络相互连接的，因此可以从民用网络的入口、敌有线网络的开口或与之相连的其他线路的开口直接将病毒注入线路上，使其扩散到与网络相连的众多计算机和传感器之中。

（3）"固化式"方式。由于目前全世界所有计算机系统使用的高功率芯片、集成电路板、显示器、不间断电源及通用软件等产品，大多是由少数几个发达国家生产制造的，他们完全有能力把计算机病毒预先设置或固化在产品当中。这些计算机病毒平时处于休眠状态，并不产生危害，但可以繁殖蔓延，使其他信息设备感染病毒。一旦爆发战争，只要向敌国的信息系统发射特定的无线电信号，就能激活病毒，使敌方信息系统和武器系统产生意想不到的故障而失效。

（4）借助于外围配套设备方式。在天线系统、电源系统、传感系统、驱动系统等这些直接与计算机相连的配套设备中注入病毒，也可以实现使病毒向主设备传播的目的。

（5）直接方式。即通过派遣间谍或买通敌方人员，直接把病毒传染到敌计算机系统当中。

第二节 计算机系统安全防护策略

计算机战属战术范畴，而且随着人类科技的发展和其关键技术的不断突破将愈演愈烈。它将逐步进入各国军队正规的战役作战序列，成为指挥控制战的重要组成部分，成为信息战的一种主要作战形式。

建立和强化计算机系统安全防护保障体系,必须同时从法律法规、管理、技术这三个层面着手,如图2.2所示。需要采取的措施,一是加强防范意识,建立严格的安全管理制度,经常查杀病毒;二是研制我国具有自主知识产权的高功率芯片和操作系统;三是防计算机电磁泄漏,包括运用电磁屏蔽、电磁干扰、滤波、电磁低辐射技术。

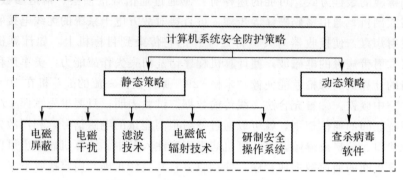

图2.2 计算机系统安全防护示意图

(一) 加强防范意识,建立严格的安全管理制度,定期查杀病毒

最易感染计算机病毒或受病毒破坏的武器装备,一是各种军用信息系统,如C^4ISR系统、计算机网络、雷达系统、传感器等;二是各种作战飞机、舰艇、坦克、导弹等高技术武器系统的自动驾驶、火控、制导系统等。这些军事信息系统的核心设备和信息武器装备的关键装置一旦遭受计算机病毒的入侵,敌方的信息武器系统就会失灵甚至瘫痪。

无论预防计算机病毒技术发展到何种水平,加强对计算机系统的安全管理将永远是病毒防治的重要手段。

(1) 首先必须对军用计算机系统和网络实行严格的物理隔离,使它远离各种民用系统和国际互联网。

(2) 必须对电子设备的生产、引进、开发、使用和维护都进行严格的测试、鉴定和管理,特别是进口计算机组件。必须对可能带有固化病毒的计算机部件、集成电路、磁盘等进行彻底的检测和消毒。防止"固化病毒"的进入,确保计算机及各种外围设备的安全。

(3) 预防为主,防患于未然,反病毒还应采用"软硬互补、防杀结合、标本兼治"的方法。其中杀毒软件能清除已知病毒,但不能查杀和防范未知病毒,且杀毒软件本身容易感染病毒,是反病毒的一种"治标"措施。具有病毒免疫功能的防毒硬件则是一种"治本"技术,它能准确识别已知病毒,严密防范未知病毒,但它只"防"不"杀"。只有将杀毒软件和防毒硬件结合使用,才能有效实施防反计算机病毒的侵害。

（4）加强内部管理，防止滥用计算机，建立病毒预防、检测、监控制度，防止病毒入侵。不要在不熟悉的计算机上拷贝文件，不随便使用别人的软盘，对计算机硬盘指示灯长时间无故闪烁等异常情况保持警惕，持之以恒每天查杀病毒，不要等出现了问题才想办法解决，就像一个人一生只刷一次牙对保护牙齿没有多大作用一样，十天半月查杀一次病毒对计算机的安全也不会产生多大的益处。同时，还需要对关键数据和重要软件留有备份，使系统在遭到破坏后能尽快得以恢复。只有严格执行各种安全防范措施，对病毒做到早发现、早报警、早清除，才能从根本上杜绝病毒的危害。

（二）研制我国具有自主知识产权的高功率芯片和计算机操作系统

我军计算机系统存在的安全隐患，主要是由于高功率芯片、操作系统和数据库等都依赖国外进口造成的。因此，加大安全信息系统与产品建设的力度，加紧研发具有自主知识产权的高功率芯片和操作系统等产品，避免受制于人才是解决问题的根本。

计算机产业归根结底是两方面的事，一是软件，二是芯片。操作系统是全部软件中具有基础性、战略性的共性关键软件，是紧靠硬件的最为重要的基本软件。计算机的一切运行活动都是由操作系统决定的，没有操作系统，计算机就没有丝毫用处。因此，操作系统的安全职能是其他软件安全职能的根基，缺乏这个安全的根基，构筑于其上的应用系统和安全系统的安全性就得不到根本保障。我军的计算机系统由于使用的是别国研制的操作系统，一旦打起仗来，我军各种与计算机相关联的军用操作系统及其应用软件本身的隐患，如潜伏病毒、定时"炸弹"、遥控窃取、遥控"后门"等可能会一一显形，使我军的指挥控制系统和武器控制系统不打自瘫。

研制具有自主知识产权的计算机操作系统不可能一切从头开始。安全操作系统就应不存在功能不明确的模块、不存在秘密通道和重大的缺陷，同时操作系统还应具备标准的安全服务。

（三）防电磁泄漏技术

目前，计算机电磁泄漏防护技术已与研究计算机病毒、黑客入侵、信息加密等其他信息安全问题一样，被认为是涉及计算机安全的重要方面，受到各国及专家学者的广泛关注。

计算机电磁泄漏防护技术在实际应用中主要采取了屏蔽技术、干扰技术、滤波技术和低辐射技术。

1. 屏蔽技术

计算机是依靠高频电子脉冲工作的，其无屏障的电缆不断向周围空间辐射电波信号，还有计算机的显示器，在文字信息被送入显像管之前，其电波信号已被放大到几百伏特，辐射场极强，极易被对方接收和提取，同时也极易接收外来的电磁信号，是敌进行计算机病毒攻击的有效入口。对计算机内、外电缆及其本身实行电磁屏蔽，不仅能有效地避免计算机电磁信息外泄，而且能堵住"电磁辐射式"病毒入侵计算机的入口，可谓一举两得。

屏蔽技术的原理是使用导电性能良好的金属网或金属板造成六个面的屏蔽室或屏蔽笼将产生电磁辐射的计算机设备包围起来并且良好接地，抑制和阻挡电磁波在空中的传播。设计和安装良好的屏蔽室对电磁辐射的屏蔽效果非常明显。如美国研制的高性能的屏蔽室，其屏蔽效果对电场可达140dB，对微波场可达120dB，对磁场可达100dB。国内已有很多厂家可以生产出高效能的屏蔽室，质量水平不在进口产品之下。主要的产品有双层铜网可拆卸式屏蔽室和单（双）层钢板可拆卸式电磁屏蔽室。实施屏蔽的关键在于屏蔽材料的性能，特别是衬垫对屏蔽的效果影响很大。阻碍屏蔽技术普遍应用的问题是屏蔽室的设计、安装和施工要求都相当高，造价非常昂贵，一般二三十平方米场地的屏蔽室的造价即需几十万元。因此屏蔽技术较为适用于一些保密等级要求较高、较重要的大型计算机设备或多台小型计算机集中放置的场合，如国防军事计算中心、大型的军事指挥所、情报机构的计算中心等。

2. 干扰技术

干扰技术分为白噪声干扰技术和相关干扰技术两种。

白噪声干扰技术的原理是使用白噪声干扰器发出强于计算机电磁辐射信号的白噪声，将电磁辐射信号掩盖，起到阻碍和干扰接收的作用。这种方法有一定的作用，但由于要依靠掩盖方式进行干扰，所以发射的功率必须足够强，而太强的白噪声功率会造成对空间的电磁波污染；另外白噪声干扰也容易被接收方使用一些技术方法进行滤除或解调接收。因此白噪声干扰技术在使用上有一定的局限性和弱点。

相关干扰技术较白噪声干扰技术是一种更为有效和可行的防护手段。相关干扰技术的原理是使用相关干扰器发出能自动跟踪计算机电磁辐射信号的相关干扰信号，将计算机向外辐射的信号扰乱，起到乱码加密的效果，使接收方接收到电磁辐射信号也无法解调出信号中所携带的真实信息。由于相关干扰不需要依靠淹盖电磁辐射信号来进行干扰，因此其发射功率无须很强，所以对环境的电磁污染也很小，相关干扰器使用简单，体积小巧，效果显著，最为适合应用在单独工作的个人计算机上。我国现在已能生产出这种相关干扰器。这种技术由于要对应每台辐射设备配备,所以成本较高。

目前,结合上述干扰技术,我国有些厂家已经研究出了一种室外干扰器,将干扰器架设在建筑物的外墙上,甚至架设在院子的围墙上,针对建筑物甚至整个建筑群做电磁干扰防护,大大降低了防护成本。

3. 滤波技术

滤波器的基本用途是选择信号和抑制干扰。滤波器能非常有效地减少和抑制电磁泄漏。按需要传输和衰减的频段,滤波器可分为低通、高通、带通、带阻四种类型;按用途可分为信号滤波器和电源滤波器。信号滤波器有板上滤波器和连接器滤波器两种。板上滤波器用于线路板上,通常装在信号输出端。连接器滤波器用于设备之间的接口电缆上。电源滤波器用于设备的电源线上。使用合适的滤波器能够减弱高次谐波,进而减少线路板上走线和各种传输线的辐射,以及"红/黑"信号的耦合。使用时需仔细考虑插入损耗、阻抗、处理能力、信号失真、可协调性、成本和抑制无用信号的能力等因素。目前,国内已有厂家生产出专门用途的电源滤波器,用于有效地防止信号传导泄漏。

4. 低辐射技术

这种技术是在设计和生产计算机设备时,就开始对可能产生电磁辐射的元器件、集成电路、连接线、显示器等采取防辐射措施,把电磁辐射抑制到最低限度。它是防电磁泄漏技术在计算机设备上的集中应用。在满足系统应用要求的前提下,从线路板的设计开始,在元器件的选取、走线的排列、信号的滤波、"红/黑"信号的隔离以及屏蔽等问题上综合考虑、合理部署。

生产和使用低辐射计算机设备是防止计算机电磁辐射泄密的较为根本的防护措施。一些发达国家对防电磁泄漏技术的应用非常重视,使用在重要场合的计算机设备对辐射的要求都极为严格。如美国军队在开赴海湾战争前线之前,就将所有的计算机更换成低辐射的计算机。国外已能生产出系列化的防电磁泄漏产品,如防电磁泄漏个人计算机、工作站、连接器、打印机、绘图仪、通信终端、视频显示器等。我国在20世纪90年代也拥有了自己的低辐射微机产品。

防电磁泄漏产品的造价非常高,一台防电磁泄漏设备要比具有同等性能的普通设备贵3~4倍。

第三节 信息战条件下指挥信息系统安全防护模型

从海湾战争、科索沃战争、阿富汗战争到伊拉克战争,多国部队的首攻目标无一例外地指向了敌方的指挥控制系统。

C^4ISR 系统平时的任务是战备训练、军事演习、敌情监视、威胁判断、突发事件处置等，其最终作用在战时或在战争环境下全面运行。因此 C^4ISR 系统的生存能力是指：系统遭受敌人有意破坏或攻击情况下能够完成基本作战指挥功能的能力。定义强调了攻击环境下系统工作的不间断性，也即整个指挥信息系统网络结构的完整性不能完全被破坏，但允许系统性能下降到最低，允许系统被毁后快速修复而不影响发挥其基本功能的情况。

在未来高技术战争战场，影响系统生存能力的要素是多方面的，各要素是随机起作用的。因此，用概率作为生存能力的量化指标。

(1) 系统的隐蔽、伪装能力 P_e，也即系统不被敌人侦察发现的可能性。P_e 是一项综合指标，它由各种反侦察手段的隐蔽概率 P_{ei} 组成，如反雷达侦察隐蔽概率，反可见光侦察隐蔽概率等：

$$P_e = \prod_{i=1}^{n} P_{ei}$$

(2) 系统的示假能力 P_s，也即通过在系统中心节点附近位置设置假目标、诱饵、无线电模拟系统中心工作等，以吸引敌来袭制导武器，从而减少系统被摧毁的概率。

$$P_s = [1 - (P_o N/(M+N))]^m$$

式中　　m —— 对每一目标使用的制导武器数；

　　　　P_o —— 一枚武器摧毁真假目标的概率；

　　　　N —— 系统中心数或节点数；

　　　　M —— 假目标数。

(3) 系统机动能力 P_g，即通过实时机动以减少系统遭敌来袭制导武器摧毁的概率。

(4) 系统抗毁能力 P_k，即通过阵地工程防护和对系统采取加固措施，使系统遭敌武器袭击后的生存能力得以增强。

(5) 电子进攻能力 P_{di}，即对敌来袭武器采取主动的电子进攻，使其偏离系统的概率。

(6) 拦截能力 P_1，即通过我方防御体系拦截敌方来袭武器的概率。

(7) 攻击能力 P_j，也即通过我方的主动攻击，毁伤敌将对我系统生存有可能造成损坏的各要素。P_j 是一个综合指标，其中 P_{j1} 为击毁敌制导武器的概率，P_{j2} 为击毁敌电子战武器的概率。

(8) 反电子侦察能力 P_{cr}，即采取一切行动使敌侦察不到系统的电磁信息的概率。P_{cr} 是一项合成指标，主要由通信反侦察概率 P_{cr1}，雷达反侦察概率 P_{cr2}，计算机反侦察概率 P_{cr3} 三项组成：

$$P_{cr} = P_{cr1} P_{cr2} P_{cr3}$$

(9) 反电子干扰能力 P_c，即系统的电磁兼容性概率。P_c 也是一项综合指标，主要由通信反干扰概率 P_{c1}，雷达反干扰概率 P_{c2}，计算机反干扰 P_{c3} 三项组成：

$$P_c = P_{c1} P_{c2} P_{c3}$$

(10) 系统的快速修复能力 P_x。这里的快速是指系统修复所用的时间不影响系统完成基本功能，P_x 也是一项综合指标，这里简化为两种因素，P_{x1} 表示硬杀伤条件下的快速修复能力，P_{x2} 表示软杀伤条件下的快速修复能力。

由此得到系统生存能力的数学模型为

$$P = [1-(1-P_e)(1-P_s)(1-P_g)(1-P_k)(1-P_{di})(1-P_1)(1-P_{j1}) \times (1-P_{x1})][1-(1-P_{j2})(1-P_{cr})(1-P_c)(1-P_{x2})]$$

第三章
指挥网络安全防护技术

第一节 黑客攻击和网络战的基本特点

21世纪的世界是信息世界，网络是信息世界的神经。网络的发展，正在引发一场人类文明的根本性变革。网络已成为一个国家最为关键的政治、经济和军事资源，成为一种新的国家实力的象征。基于此，有人把随着信息技术的发展而兴盛起来的网络安全称为是继陆、海、空传统边防和太空边防之后的第五国防——网络边防。没有网络安全就没有国家安全，没有信息化就没有现代化。

黑客战争是信息化战争的重要一环，我们经常可以看到美国媒体报道称某国黑客又攻击了美国政府、五角大楼等，还给出不完全数据统计显示，五角大楼一天平均要受到8位数以上的攻击，并且存在一定的成功率。

2013年6月美国中情局前雇员爱德华·斯诺登曝光了美国情报部门搜集海量因特网和电话记录的跟踪程序，使全球聚焦网络安全问题，也引发了世界多国的恐慌和外交抗议。

据外媒爆料，美国在全球约80个地点设有特殊情报搜集部，并有122个国家领导人的电话被美国情报机构监听。美国监听的重点包括中国、俄罗斯、伊朗等国的国家领导人。

德国《明镜》周刊网站2014年3月22日报道美曾对华施行大规模网络攻击：美国国家安全局监控中国领导人和企业。

美国针对中国进行大规模网络进攻，并把中国领导人和华为公司列为目标。美国情报机构攻击的目标包括中国前国家主席胡锦涛、商务部、外交部、银行和电信公司。

美国国安局尤其花大力气监控全球第二大通信设备供应商华为公司。2009年初，该局启动了一项针对华为的大规模行动。华为被视为美国思科公司最大的竞争对手之一。美国国安局的一个特别小组成功渗透进了华为公司的计算机网络，并复制了超过1 400个客户的资料和工程师使用的内部培训文件。

根据美国国安局的一份秘密文件，该局人员不但窃取了华为的电子邮件存档，还获得了个别华为产品的源代码，源代码被视为信息技术企业最神圣的东西。美国国安局渗入华为的深圳总部，因为该公司通过总部处理每个员工的邮件往来，所以美国人从 2009 年 1 月起就读取了该公司很大一部分员工的电子邮件——包括总裁任正非和董事长孙亚芳的邮件。该行动是在白宫情报协调员、中央情报局和联邦调查局的介入下实施的。

国家互联网应急中心（CNCERT）的数据显示，中国遭受境外网络攻击的情况正变得日趋严重。CNCERT 的抽样监测发现，仅 2013 年 1 月 1 日—2 月 28 日不足 60 天的时间里，境外 6 747 台木马或僵尸网络控制服务器控制了中国境内 190 万余台主机。其中位于美国的 2 194 台控制服务器控制了中国境内 128.7 万台主机，名列第一。

指挥网络是由通信网络把作战指挥、武器控制、预警探测和作战保障各功能连接在一起的综合信息网络。以美国为例，美军目前拥有 200 多万台计算机和 1 万多个局域网，重大的网络包括海军网、空军网、陆军网、后勤网、仿真互联网、巡航导弹网、医疗网等 170 多个。陆军在进行数字化旅的演习时，战场通信网主要由战术互联网承担。该网包括 1 200 部计算机、950 个互联网控制器路由器、27 个战术多网网间连接路由器、30 个路由器、8 万多个 IP 地址，被认为是目前最复杂的计算机局域网络。由此可见，计算机信息网络已经成为现代军队的神经中枢，一旦遭到攻击并被摧毁，整个军队的战斗力就会降低甚至几近丧失，国家军事机器就会处于瘫痪状态。因此，信息网络在未来战争中占有十分重要的地位。

美军在阿富汗战争、伊拉克战争中取得的胜利，证明了网络中心战是一种高度有效的作战概念。网络中心战使以平台为中心的作战转变为以指挥官为中心的作战，使与任务有关的每个人都能明白指挥官的意图。在阿富汗战争中，网络中心战通过技术的利用而比敌人更快、更好地做出决策；网络中心战使参战人员更充分地了解战场情况，同时将情报分享给尽可能多的作战部队和武器平台；网络中心战使获得的情报信息迅速转化为军事行动，它保证了战场信息从一个平台到另一个平台之间的无缝转移，最大限度地发挥出了精确制导弹药和其他高科技武器的作用；由于战场信息处理自动化程度的提高，网络中心战使传感器到射手之间信息传送的时间缩短到 10 min 甚至更短。

2002 年 2 月 4 日，英国国防部在对所有通信情报设施进行检测时发现，4 颗"天网"军事通信卫星中的一颗卫星，要么拒绝接受信号，要么反应迟钝。正当英国防部组织专家会诊时，一封电子邮件声称一个黑客团队已经控制了这颗卫星，他们在 2 周前修改了卫星的正常程序，切断了卫星的正常联系，改变了卫星的飞行轨道。这次黑客入侵使人们闻到了网络战的气息。

从 2001 年开始至今，美国航天司令部已取得 1.5 亿美元经费负责为国防部承担计算机网络攻击任务。美国国防部给计算机网络攻击的定义是中断、拒绝、降级、摧毁驻留在计算机系统或网络中的信息、计算机或网络本身。

目前，计算机网络恐怖已发展成为危害人类安全的仅次于核武器、生化武器的第三大威胁。黑客攻击构成了对指挥自动化网的巨大威胁，据统计，全世界黑客攻击计算机网络事件每年以 30% 的速度在增长，信息被窃取的事件以每月 260% 的速率在增加。据美国计算机安全专业机构（CERT）的安全警告称，在美国，2001 年包含病毒在内的计算机网站攻击事件总共有 52 658 起，与 2000 年相比，呈现倍数增加趋势。CERT 自 1988 年起统计此类数据，当年仅有 6 起事故，并且仅发出一次安全警告，如图 3.1 所示。

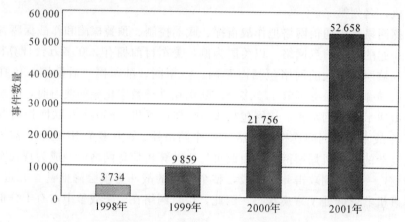

图 3.1 美国 1998—2001 年 Web 攻击事件统计表

计算机网络战按其作战性质，可划分为网络进攻与网络防御；按其作战特征，可划分为网络入侵战、网络远程控制战、网络阻塞战、网络破袭战、网络节点战、网络虚拟战和网络病毒战等。

计算机网络战的特征，一是作战的效费比高。开发网络战的攻防技术，无须花费巨大的人力、物力和财力，只要具备信息系统的专业技能和少量资金就能进行。二是作战手段多样。作战中，既可以利用黑客技术对敌方的计算机数据信手涂鸦，又可以利用电磁干扰手段，还可以使用病毒武器；既可以利用传统的兵力、火力进行，又可以利用新概念武器进行。这种情况将随着数字化部队的建设而越来越成为可能。三是作战行动攻防一体。在计算机网络战中，进攻与防御在任何阶段都是并举的，不再按阶段、划区域、分层次展开。四是网络攻击高度隐蔽。隐蔽性使进攻者在网络作战中处于一种绝对的优势地位。在这种网络空间作战中，有可能出现：任何人都有可能袭击你，而你却根本无法知道到底是谁在实施袭击，也无法知道对手有多大的实力。至于攻击的方式、内容和所要达到的目的，被攻击者同样也是无法准确估计的。五是网上宣传的心理震慑。网上的政治宣传与心理攻势有可能超过对网络本身发动直接攻击的价值。由此，网络攻击能取得常规军事行动无法达到的效果，成为小国或弱国对付大国或强国的一种十分有效的手段。但这同样也是强国追求"不战而屈人之兵"的强有力手段。正因为网络攻击能取得如此巨大的效果，探讨计算机网络的安全防护措施就显得更为重要。

黑客就是指那些能利用计算机网络安全漏洞非法进入计算机系统，查看、修改或偷窃保密数据和程序的人。1994年，美国国防部为了测试其计算机网络抵御信息战攻击的能力，国防信息系统局特意组织了一批计算机"黑客"，从他们的"洲际互联网"向国防部各计算机系统发起攻击，其结果令人瞠目结舌。在被"黑客"攻击的8 900台"五角大楼"的计算机中竟然有88％被"黑客"掌握了控制权，而在所有的攻击行动中仅有4％被国防部的计算机管理人员发现。黑客攻击方式如图3.2所示。

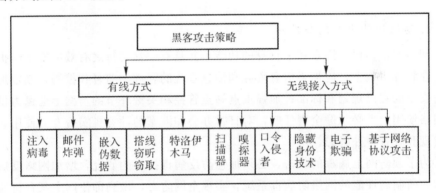

图 3.2　黑客攻击方式

第二节　指挥网络安全静态防护策略

网络战属于战略范畴。海湾战争、科索沃战争和阿富汗战争中，网络战已初露端倪。然而，从严格意义上讲，这种无组织、自发的"网络战"行动还不能算是真正意义上的计算机网络战。未来的计算机网络战必将是国家或军队之间有组织、有目的的对抗。要实施真正意义上的网络战，一是要解决网络战可能引发的违反国际法准则、战争道德和战场指挥官权限的问题；二是要在网络战技术上取得重大突破，特别是在网络防御技术基础上，重点发展网络进攻技术；三是计算机网络战力量要作为一个新型的军种得到广泛的认可；四是计算机网络战理论研究需向深层次、条理化和可操作的方向发展。

指挥网络的安全防护，一是强化网络管理，二是实施物理隔离技术，三是设立访问控制机制和进行信息加密，四是建设性能稳定、高效的软件或硬件防火墙,五是进行入侵检测,六是进行漏洞检测,如图3.3所示。

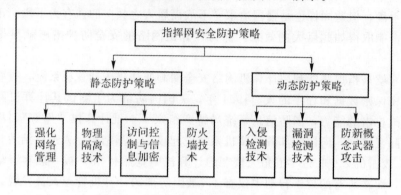

图 3.3 指挥自动化网络安全防护策略图

1. 网络边防重在思想边防

网络安全的根本因素在于自身的功能,并具有一整套行之有效的安全防护措施。在管理措施上,应加强信息资源和信息系统的管理、监督和控制,制定加强网络安全的建设规划和标准;加强重点站点管控和关键环节的"网上巡逻力量"。在网络使用上,必须健全责任制,对日常办公和涉密的计算机实行专人使用,及时发现和处置各种隐患。

为了预防网上病毒的攻击,必须加强防反病毒技术的研究,增加网络反病毒措施,研制高性能的网络防病毒系统,实现全网防毒,做到即使网上某台机器遭病毒攻击也不会使病毒在网上扩散并能有效杀毒。应加强可以随病毒变化而自适应防毒的开放式防病毒技术研究,实现对新病毒的有效防治。

把我军指挥网建成分布式、强冗余、强抗毁性的抗攻击通信网络,一是应使它具备良好的故障恢复机制,做到即使多个节点和多条链路遭到攻击毁坏,但整个网络仍可连续提供最低限度的关键服务;二是开发低截获概率的隐蔽通信技术;三是加强计算机系统元器件和芯片的抗毁加固技术研究,以提高网络对付高能电磁武器的能力。

2. 物理隔离技术

物理隔离技术是可采用的对信息网络系统安全防护、防止网络攻击最好的技术方式之一。物理隔离技术可从物理上切断黑客的攻击途径以及内部数据外流的途径,防止信息被篡改和信息泄漏。

物理隔离的实现模型一般包括客户端选择设备和网络选择器,用户或通过开关设备或通过键盘选择,控制客户端选择不同的存储介质。如果需要,网络选择端还要进行相应的网络连接跳转。

物理隔离最彻底的方法是安装两套网络和计算机设备，一套应付内部事务，一套连接外部网络，两套网络互不干扰。这样就不需要特别的技术而达到了物理隔离的要求。但这种方法的缺点，一是成本高，二是工作效率低。

物理隔离技术的发展已经经历了数代产品：第一代产品主要采用双网线技术，其主要原理和工作方式是在一个机箱内设置2块主板、2套内存、2只硬盘、2个CPU，而只共用一个显示器，用户通过客户端开关分别选择这2套计算机系统。这种双网线结构的成本还是较高。第二代产品主要采用基于双网线的安全隔离卡技术。第三代产品主要采用基于单网线的安全隔离卡技术加网络选择器方法，即客户端采用基于双网线的安全隔离卡技术，而它只有一个网络接口，在网络选择端安装一个网络选择器，根据不同的电平信号，选择不同的网络连接。目前，第四代物理隔离系统技术产品已经问世，它采用独有的硬件设计实现了系统级的物理隔离，即在任一时间段内，内外网在物理上都不存在通路，它有效防止了由于协议本身（如TCP/IP）的脆弱性导致的攻击，如图3.4所示。

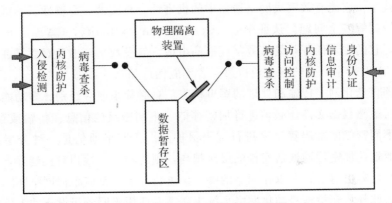

图3.4 物理隔离系统功能示意图

现有的物理隔离技术还主要是一种被动的隔离开关，与其安全标准还存在很大差距。新的物理隔离技术应该向更安全、更智能化的方向发展，具备客户端防下载、网络状态自动检测、日志记录等功能。

3. 设立访问控制机制和信息加密

访问控制是最早采用的安全技术之一，目前仍是一项普遍运用的基本的网络安全技术。在这里，把访问网络用户或代表用户的进程抽象为主体，把网络中被访问的信息资源抽象为客体。网络访问控制就是规定何种主体对何种客体具有何种操作权力。它主要包括人员限制、数据标识、权限控制、类型控制和风险分析。访问控制一般赋予不同身份的用户以不用的操作权限，以实现不同安全级别的信息分级管理。

指挥自动化网特别要加强网络系统的访问控制。而传统的使用口令方法易被窃取泄漏，因此对于军用网络这种安全性要求高的网络系统，应采用数字签名技术、智能卡技术、生物统计技术等多种严格的身份鉴别认证技术，防止非法用户的访问并控制用户的访问权限。另外，指挥自动化网还要有良好的在线备份和灾难预防恢复机制，一旦网络被攻破造成损失时，能尽快恢复数据和系统服务，以减少网络攻击所带来的损失。

数据加密的目的是保护传输中的数据、文件、口令及控制信息，即使被非法用户获得也无法理解其信息内容。信息加密由加密算法完成，而加密算法可分为常规对称密码算法和公钥密码算法。

公钥密码基础设施（Public Key Infrastructure，PKI）是利用公钥理论和技术建立的提供安全服务的基础设施，是信息安全技术的核心，也是网络通信、电子政务、电子商务的关键。由于网络通信等活动缺少物理的接触，因此用电子方式验证信任关系变得至关重要。公钥密码基础设施技术恰好是一种适合网络通信的密码技术，它能有效解决网络通信中的机密性、真实性、完整性、不可否认性和存取控制等安全问题。认证中心（Certification Authority，CA）是PKI的核心机构，它的主要任务是受理数字证书的申请、签发数字证书及对数字证书进行管理，CA对数字证书的签名使得第三者不能伪造和篡改证书。

指挥自动化网上传输和处理的军事机密信息必须采取多级别、多功能的加密措施，对敏感数据文件还必须进行加密存储。不同密级的信息在传输或存储时，将使用不同密级的密码算法来进行加密保护。由于网络通信是一种分层通信体系，一般地，加密传输通信安排的层次越高，则传输安全性相对也越好，但相应的开销和延迟也越大，所以在网络的哪一层进行加解密都应根据网络实际应用情况决定。此外，在指挥自动化网络系统中，常有使用不同密级设备的上下级之间需要进行正常加解密的情况发生，如特殊情况下的越级指挥、应急通信等，这时需采取一些特殊的加密技术来保证它们之间正常的加解密。指挥自动化网中应用的加密算法也必须采用我国自己研制的具有高加密强度和高效率的算法。军网上的加密设备（如加密机、安全路由器、加密网卡等）也一定要是自己研制的产品，这样才能有效保证军网中的信息安全。

4. 设置性能稳定、高效的防火墙

防火墙技术也被认为是一种访问控制机制，是控制网络进/出两个方向的门槛，是内部网与外部网之间的一道屏障，旨在保护内部网络不受非法入侵。它通过监测、限制、修改跨越防火墙的数据流，尽可能地对外屏蔽以保护网络内部的信息、结构和运行情况，以实现内部计算机系统的安全保护。防火墙可提供特殊通孔，准许外部特定的系统与内部特定系统的连接。防火墙的基本思想：不是对每台主机分别进行保护,而是让所有信息的访问通过某一点,并且保护这一点。

防火墙有硬件防火墙和软件防火墙之分。硬件防火墙采用专用的操作系统,以此来减少黑客利用操作系统缺陷进行攻击的可能性;硬件防火墙内部具有类似代理服务的功能,可进行多层次的状态检测。软件防火墙分两类:数据包过滤和应用级网关(包括代理服务)。数据包过滤技术是在网络层对数据包进行分析和选择,选择的依据是系统内设置的过滤逻辑,称为访问控制表。通过检查数据流中每个数据包的源地址、目的地址、所用端口号、协议状态等因素,或者它们的组合来确定是否允许该数据包通过。其实现机制如图3.5所示。

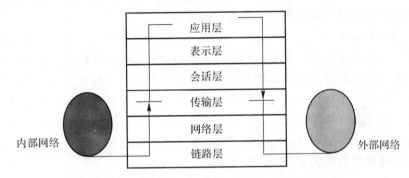

图 3.5　数据包过滤防火墙实现机制示意图

应用级网关技术是在网络的应用层上实施协议过滤和转发功能。它针对特定的网络应用服务协议使用指定的数据过滤逻辑,并在过滤的同时,对数据包进行必要的分析、记录和统计,形成报告。这种逻辑使实施非法访问攻击的机会大大增加,由此出现了代理服务技术。代理服务将所有跨越防火墙的网络通信链路分为两段,防火墙内外计算机系统间应用层的链接,由两个代理服务器之间的连接来实现,外部计算机的网络链路只能到达代理服务器,从而起到了隔离防火墙内外计算机系统的作用。代理服务器还对过往的数据包进行分析、记录,形成报告,一旦发现有被攻击的迹象就向网络管理员发出警告,并保留攻击痕迹。

防火墙能预防攻击,保护内部数据和资源的安全;防火墙仅仅容许认可的和符合规则的请求通过,将可疑的访问拒之墙外;作为访问的唯一点,防火墙能在被保护的系统和网络与外部的系统和网络之间进行记录。但防火墙也有其缺陷,一是它不能防范恶意的知情者或者内部用户的攻击,二是不能防范不通过它的连接,三是不能防范所有的新威胁,四是不能防范和消除各种计算机病毒。从理论上讲,防火墙是一种能采取的严格的安全措施,但在分布式系统应用中,大量使用防火墙又是不实际的,因为在安全方面得到多少,在功能上便会丢掉多少。

第三节　指挥网络安全动态防护策略

（一）进行入侵检测技术

入侵检测是计算机系统动态安全防护最核心的技术之一，是防火墙的合理补充。入侵检测技术是在不影响网络性能情况下对网络进行监测分析，从而对内部攻击、外部攻击和误操作进行实时识别和响应，并能根据入侵行为采取断开网络连接、记录攻击过程、跟踪攻击源等相应措施。入侵检测是一项崭新的安全技术，它的完善发展将带来网络安全的一场革命。

入侵检测系统是实现入侵检测功能的一系列硬件、软件的组合，是通过从计算机网络中的若干关键点收集信息并对其进行分析，从中发现网络或系统中是否有违反安全策略的行为和遭到攻击的迹象，并且做出具体的响应。入侵检测系统的主要功能有：用户和系统行为的监测与分析，系统配置和漏洞的审计检查，重要系统和数据文件的完整性评估，已知攻击行为模式的识别，异常行为模式的统计分析，操作系统的审计跟踪管理及违反安全策略的用户行为的识别。入侵检测系统的功能原理如图3.6所示。

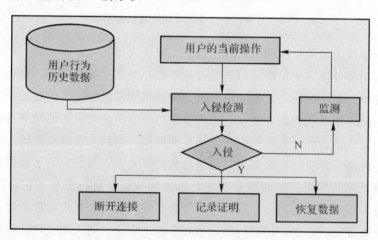

图3.6　入侵检测系统功能原理图

1. 入侵检测系统分类

入侵检测系统按输入数据的来源分作基于主机的入侵检测、基于网络的入侵检测和混合入侵检测等类型，按所采用的检测技术分作异常检测和误用检测两种。

基于主机的入侵检测系统通常以系统日志、应用程序日志等审计记录文件作为数据源。其优点是：①可以利用操作系统本身提供的功能，并结合异常检测分析，能准确地报告攻击行为；②非常适合于加密和交换环境；③接近实时的检测和响应；④不需要额外的硬件。同时也存在着一些不足：会占用主机的系统资源，增加系统负荷，而且针对不同的操作平台必须开发出不同的程序，所需配置的数量众多。

基于网络的入侵检测系统把原始网络数据包作为数据源。它是利用网络适配器实时地监视并分析通过网络进行传输的所有业务。然而它只能监视通过本网段的活动，并且精确度较差，在交换网络环境中难于配置，防欺骗能力比较差。但它也有一定的优势：①成本低；②攻击者转移证据困难；③实时的检测和响应；④能够检测到未成功的攻击企图；⑤不依赖主机的操作系统作为检测资源。

混合入侵检测提供了对基于主机和基于网络入侵检测设备的管理和警告，在逻辑上实现了网络和主机的互补——中央入侵检测管理。

异常检测是一种间接检测方法，也被称为基于行为的检测。其原理为首先建立系统或用户的"正常"行为特征轮廓，通过比较当前的系统或用户的行为是否偏离正常的行为特征轮廓来判断是否发生了入侵。异常检测的技术难点在于"正常"行为特征轮廓的确定、特征量的选取和特征轮廓的更新。由于这几个因素的制约，异常检测的虚警率很高，但对未知入侵行为的检测非常有效。此外，由于需要实时地建立和更新系统或用户的特征轮廓，这样所需的计算量很大，对系统的处理性能要求很高。

误用检测是一种直接检测方法，也被称为基于知识的检测。其原理为首先对已知的攻击方法进行攻击签名（用一种特定的方式来表示已知的攻击模式）表示，然后根据已经定义好的攻击签名，通过判断这些攻击签名是否出现来判断入侵行为的发生与否。由于误用检测只需收集相关数据，所以系统的负担明显减少。该方法类似于病毒检测系统，其检测的准确率和效率都比较高，而且这种技术也比较成熟。但它也存在一些缺点：①不能检测未知的入侵行为。由于它只对已知的模式进行提取，对于未知的入侵方法由于缺乏知识就不能进行有效的检测，也即漏警率比较高。②与系统的相关性强。不同操作系统由于其实现机制的不同，对其攻击的方法也不尽相同，很难定义出统一的模式库。③由于已知知识的局限，难以检测出内部人员的入侵行为。

2．入侵检测方法

入侵检测最实质的特征就是一个分类器，即从大量数据中分辨出入侵和非入侵的信息，也即二分类问题。入侵检测所采用的方法有：

（1）统计方法。统计方法是基于行为的入侵检测中应用最早也是最多的一种方法。首先，检测器根据用户对象的动作为每个用户建立一个用户特征轮廓表，通过比较当前特征与已建立的以前特征，判断是否是异常行为。

（2）专家系统。这是误用检测常用的方法。通常入侵行为被编码成专家系统的规则，这些规则既可识别单个审计事件，也可识别表示一个入侵行为的一系列事件。专家系统可以自动解释系统的审计记录并判断它们是否满足描述入侵行为的规则。由于专家系统必须由安全专家用专家知识来构造，因此系统的能力受限于专家知识，很可能导致漏警率的提高。

（3）状态迁移分析。状态迁移分析就是将状态迁移图应用于入侵行为的分析。

在不断发展变化的网络环境下，入侵检测系统应具有自学习能力和对潜在的攻击行为具备较强的识别能力。

（二）漏洞检测技术

目前，我国计算机网络的一个致命的安全缺陷就是网络系统中的主要设备（如网络器件、计算机芯片、操作系统、数据库、中间件）及其他一些软件都是从国外进口的，这些设备中必然潜伏着嵌入式固化病毒、隐性通道和人为的缺陷等危险。而我国在短期内还没有能力全面使用自己开发的高性能的信息产品。因此，研制高可靠的信息产品安全漏洞检测技术，对指挥自动化网的各种设备进行严格的安全评测是目前保证网络安全的一种行之有效的方法。

第四章
巡航导弹防御

第一节 巡航导弹发展概况

导弹已发展成为现代战争的主要武器。巡航导弹作为第一种大规模投入实战使用的导弹,以其射程远、精度高、威力大、突防能力强、隐身性能好、效率高、无附带伤害的点穴式攻击等特点,已成为摧毁严密设防目标、实施纵深打击的重要武器,成为自1991年海湾战争以来历次现代战争中美军的揭幕战武器。弹道导弹和巡航导弹及其防御系统的迅猛发展,使得某些军事专家声称,现在人类已进入了"导弹世纪"。

"战斧"巡航导弹在从海湾战争到目前的几场局部战争中所取得的战果业已证明,巡航导弹既具有遏制作用又具有精确打击能力,能够作为常规战略武器取代只具有遏制作用而又不宜用于实战的核战略武器,已经发展成为美军三位一体威慑力量的一根支柱。常规远程巡航导弹是智能化精确制导武器的一个主要发展类别。在未来的信息-火力一体化作战中,它将成为在威慑失效情况下对敌严密设防的战略、战区目标进行"零伤亡"精确打击的主要武器之一。它在现代战争中的主角角色使得指挥控制系统和传统的仅仅依靠普通雷达探测目标和引导武器射击目标的防空系统处于极端被动和难以招架的境地。

要想打赢未来的信息化战争,并贯彻积极防御的战略方针,就必须采取有效措施,建立巡航导弹综合防御系统,以粉碎敌方以远程精确制导巡航导弹为核心的空中打击,才有可能逐步掌握战争的主动权,夺取战争的最后胜利,因此研究指挥信息系统如何有效对抗巡航导弹的威胁就成为一项极端重要而又十分紧迫的任务。

一、巡航导弹攻击已成为历次现代战争的序幕

2003年3月20日美军以战斧巡航导弹和F-117隐形战斗轰炸机执行斩首任务拉开了伊拉克战争的序幕。摧毁指挥信息系统在海湾战争中的重要性见表4.1。

表 4.1　摧毁指挥信息系统在海湾战争中的重要性显示

目的 \ 任务 \ 阶段	第一阶段 战略空袭	第二阶段 夺取战区制空权	第三阶段 战场准备	第四阶段 地面进攻
瘫痪敌指挥、控制、通信与领导体制	☆			
夺取战区制空权	☆	☆		
切断敌补给线	☆	☆	☆	☆
摧毁敌核、生化武器基地	☆		☆	
消灭共和国卫队	☆		☆	☆

从海湾战争到伊拉克战争，常规巡航导弹均被选为遂行战略空袭任务的主战武器，对主要战略目标实施最先打击，都取得不俗的战果，优于其他空袭武器。

从理论上说，弹道导弹、巡航导弹、精确制导炸弹和轰炸机都可以远程精确打击高价值目标。然而，弹道导弹精度较低、单价较高、体积和重量较大，还需要建设配套的发射阵地设施，显然不是遂行精确打击任务的最佳手段。用飞机投掷精确制导炸弹，在命中精度和杀伤力上可以满足需要，然而精确制导炸弹的最大滑翔距离只有 40 km，载机必须进入敌防空火力圈，这就有了很大的作战风险。巡航导弹既可以满足精度要求，又有"零伤亡"的优势，造价也比较适中，因而在纵深精确打击作战中成为最佳选择，尤其在首轮空袭中更受到重视。

美军投入海湾战争的空袭武器，据战前的计算机模拟，伊拉克部署在重点目标地区的一体化防空体系的拦击能力和火力密集度相当高，若用 F-111 和 A-6E 携带制导炸弹从中、低空攻击巴格达地区目标，第一天将有 10% 以上的 F-111 和 A-6E 被击落，一周内被击落的飞机将多达 60 架以上，占参战 F-111 和 A-6E 总数的 30% 左右，总经济损失达 30 亿美元以上。而如果用战斧巡航导弹从低空、用 F-117 隐身飞机从中空协同攻击，代价将小得多。战争中分派给"战斧"导弹打击的 50 个战略目标中，仅用 142 枚"战斧"导弹就击毁了其中的 42 个，经济代价只有 1.85 亿美元，约为前者的 1/16。

巡航导弹是专为躲避雷达探测而研制的超低空飞行的导弹。由于地球曲率对电波的遮挡，目前雷达只能在很短距离之内才能发现它，往往还来不及做出射击反应，巡航导弹就已飞出了雷达的探测范围。"战斧"巡航导弹也不需要空中预警机、战斗机和电子战飞机的协助，是接到通知就能实施攻击的唯一一种武器。在海湾战争整个 39 天空袭作战中，"战斧"导弹是唯一可以不分昼夜、不受气候影响的进攻武器。"战斧"采用对多个关键目标同时进攻的新战法，使伊拉克的防御系统很难相互支援、无法形成统一的防御力量，最后被个个击毁、陷入了全面瘫痪状态。美国国防部对"战斧"导弹的评价是"在空袭中起了重要作用""是未来冲突中一种极为重要的手段"。巡航导弹在美军历次空袭作战中的作用见表4.2。

表 4.2 巡航导弹在美军历次空袭作战中的作用

		海湾战争	科索沃战争	阿富汗战争	伊拉克战争（2003年3月20日—5月1日）
作战总天数		43 天	78 天	76 天	42 天
空袭天数		39 天	78 天	76 天	42 天
地面作战天数		4 天	0 天	与空袭交叉进行 55 天	与空袭交叉进行 41 天
美军投入的兵力	总兵力	54.1 万	地面部队 6 万	7.3 万	26 万+4.5 万英军
	飞机	2 278 架，直升机 2 182 架	819 架，直升机 103 架	600 架	1 200 架，直升机 1 000 架
	舰船	航母 6 艘，其他舰艇 120 多艘	航母 3 艘，其他舰艇 55 艘	航母 7 艘，其他舰艇 60 艘	航母 6 艘，其他舰艇 100 艘
巡航导弹使用量		323 枚	460 枚	1 500 多枚	955 枚（802 枚 BGM-109，153 枚 AGM-86）
战斧巡航导弹任务规划用时		22h	1h50min		19min
精确制导弹药/总投弹量		8%	35%	56%	68%
作战效果		摧毁了伊拉克 60%的防御能力，迫使伊拉克从科威特撤军，使其无条件接受联合国决议	摧毁了南联盟 75%的防御能力，以炸迫降、使其无条件接受代顿协议	摧毁了 39 处指挥所，11 个基地组织训练营地。把塔利班赶下台，结束了基地组织对阿富汗的控制	推翻了萨达姆政权，占领了伊拉克

二、巡航导弹概论

1991 年的海湾战争,美军以战斧巡航导弹(Tomahawk Cruise Missile)对伊拉克纵深的打击拉开了信息化战争的序幕,使巡航导弹一战成名。之后,世界上出现了一股新的巡航导弹发展热潮。

由于 1972 年 5 月 26 日美苏签订的第一阶段限制战略性武器条约(Strategic Arms Limitation Treaty 1,SALT-1)没有限制射程大于 600 km 巡航导弹的条款,致使巡航导弹得到了不间断的发展。目前有能力或潜力发展射程 500 km 以上巡航导弹的国家与地区已增加至 20 多个,总数量达到 7.5 万枚;在 21 世纪头 10 年内,有 30 多个新巡航导弹型号将达到列装水平;真正具有射程 500 km 以上实力且列有具体发展型号的国家只有美、俄、法、英、中五国,德、日、意、以、印等国和中国台湾地区也具备了发展远程巡航导弹的潜力。美、俄、法、英等国的巡航导弹已进入以提高智能化精巧打击能力为重点的新发展阶段。

德国在第二次世界大战期间研制的 V-1 导弹是巡航导弹的鼻祖,70 多年以来,巡航导弹经历了用于核威慑向装备各种非核载荷(包括常规、硬目标打击和电磁脉冲战斗部)的转变,经历了形成类别、调整改进、全面提高、精确打击等不同的发展阶段,经历了型号发展的"系列化"、分系统(舱段)设计的"模块化"和元器件设计的"通用化"建设阶段,经历了技术特征方面的前 3 代的发展,目前已进入了通过"系统集成、技术融合"进行"升级延寿"、实现作战能力整体式跨越的第四代时期。到 20 世纪 90 年代,已形成了种类齐全、性能精良、用途广泛、自成体系的精确制导武器大类别。

未来,作为远程进攻性武器的巡航导弹的作用与地位将会愈来愈突出。巡航导弹技术的发展,不但会影响整个武器体系的发展,也将影响世界各国军事发展战略的变化与战争模式内涵的延伸。巡航导弹与弹道导弹、无人飞机、机器人和网络一起,将使未来的战争和战场面貌为之一新。美军战斧巡航导弹如图 4.1 所示,中国长剑-10 巡航导弹如图 4.2 所示。

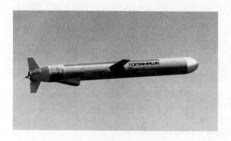

图 4.1 美军战斧巡航导弹

图 4.2 中国长剑-10 巡航导弹

(一) 巡航导弹的分类

导弹是指装有战斗部、动力装置和制导系统的无人驾驶飞行器。导弹分为弹道导弹和巡航导弹（Cruise Missile）两类。Cruise Missile一词可译为巡航导弹，也可译为飞航导弹。按射程的不同，导弹又可分为洲际导弹（8 000 km以上）、远程导弹（3 000～8 000 km）、中程导弹（1 000～3 000 km）和近程导弹（小于1 000 km）。它的弹道主动段由发动机的推力和重力来决定，在被动段按自由落体抛物线飞行，绝大部分为被动段且弹体没有弹翼的导弹被称为弹道导弹。巡航导弹是指大约80%的飞行弹道以巡航速度（燃料消耗量最小的飞行速度：发动机推力等于空气阻力，气动升力等于飞行器重量，等高、匀速飞行）在大气层内飞行的有翼导弹，是依靠吸气式发动机的推力和翼面产生的升力，并利用翼面控制其飞行轨迹的射程大于500 km的飞航导弹。形象点说，巡航导弹就是一种有去无回的短翼无人轰炸机。

巡航导弹的分类方法较多，根据所携带战斗部的不同，它可以分为携带核弹头和携带常规弹头的巡航导弹。根据发射平台的不同，它可以分为空射、舰射、潜射和陆射型巡航导弹。根据巡航速度可以分为亚声速（$0.5 \leqslant M < 1$）、超声速（$1 < M \leqslant 4$）、高超声速（$4 < M < 10$）3类。按用途可分为地（海）-地、空-面、反舰（潜）、反辐射、反装甲（坦克）导弹等种类。根据作战任务或目标类型还可以分为战术、战略、防御或先发制人的等类别。射程较远、带核弹头用于攻击战略目标的巡航导弹称为战略巡航导弹，其余的称为战术巡航导弹。战术巡航导弹通常携带常规弹头，多用于攻击重要的高价值目标。

(二) 美军的巡航导弹

2006年2月3日，美国国防部公布国防指导性文件《4年一度防务评审》（QDR）报告，提出建立对短程、中程和洲际弹道导弹和巡航导弹系统的综合防御能力，国防部已经装备和部署包括安装常规战斗部的联合防区外空-地导弹"贾斯姆"（JASSM）和改进的战术战斧巡航导弹（BGM-109E）在内的新型常规、精确制导弹药，可以打击过去需要核武器才能打击的目标。

美国已将4艘搭载弹道导弹的俄亥俄级核潜艇改造成可搭载较小型导弹并可深入敌国沿岸附近行动的新型巡航导弹潜艇（SSGN），这种潜艇除了可搭载154枚战斧巡航导弹，相当于四艘导弹巡洋舰的装备总量，另外还装备有小型潜艇，可将特种部队暗中送入敌人阵地。这种潜艇以美国西海岸为母港，实际上以关岛等基地为据点，用以监视中国和朝鲜半岛的形势，第一艘潜艇于2006年秋天改装完成，2007年在太平洋地区至少部署两艘。

国外巡航导弹保持着比较平稳的发展态势，美国一枝独秀的格局没有改变。

美军的巡航导弹主要包括 BGM-109 "战斧" 巡航导弹系列、AGM-86 空射巡航导弹系列和联合防区外空-地隐身巡航导弹 JASSM AGM-158 等。

"战斧" 巡航导弹是当今世界名声最响、性能最优、型号最全、经历实战最多的导弹。到目前为止，美军已先后使用了 11 次、1 885 枚 "战斧" 巡航导弹和 353 枚 AGM-86C 空射巡航导弹纵深摧毁敌方的指控系统等高价值目标。据有关专家统计测算，命中率平均在 85% 以上。

战斧巡航导弹的研发始于 1972 年。1976 年 3 月海军将通用动力公司研制的 BGM-109 正式命名为战斧巡航导弹，1982 年装备海军，1983 年装备陆军。战斧巡航弹可以从陆上、海上及空中发射，有战略型和战术型 2 种，即对陆攻击型和对舰攻击型，既可携带常规弹头，又可携带核弹头。历经 30 多年的研发，美军已装备了 5 种型号：A 型为海基对陆核攻击型，B 型为海基反舰型，C 型和 D 型均为海基对陆常规攻击型，E 型为战术对陆常规攻击型，主要部署在 140 余艘潜艇和水面舰艇上。近年来大出风头的就是 BGM-109C/D 型及其改进型 BlockⅢ型。

战斧巡航导弹主要用于攻击陆上严密设防的指控系统等高价值目标或海上水面舰艇和航空母舰编队。

表 4.3　战斧巡航导弹的主要性能

项目	类型	海上发射型		地面发射型	空中发射型
用途		战术	战术（反舰）	战区	战略、战术
全长/m		6.20			5.88
直径/m		0.52			0.54
翼展/m		3.87			
总重/kg		1 360			
动力系统	发动机	涡轮风扇，推力 272 kg	涡轮喷气发动机	涡轮风扇发动机，推力 272 kg	
	助推器	固体燃料火箭，推力 3 175 kg			无
制导方式		惯性/地形匹配+GPS	惯性+雷达高度表（巡航），主动寻的	惯性/地形匹配+GPS	惯性/GPS+红外成像
弹头		常规高爆或子弹药	454 kg 炸药	W80-0 核战斗部、常规高爆或子弹药	W80-0 核弹头或常规高爆、破片穿透弹头

续表

项目 \ 类型	海上发射型		地面发射型	空中发射型
射程/km	2 400～3 200	550	2 400～3 200	
航速 Ma	0.7～0.9			
雷达截面积（RCS）	0.05～0.1 m²			
最低巡航高度	5～10 m（海上），15～20 m（平地），50 m（丘陵），100 m（山区）			
精度/m	10～30		10～30	

（三）巡航导弹的发展趋势

由于巡航导弹在未来战争中的作用十分重要，因此，拥有先进巡航导弹技术的美国和俄罗斯将继续重视发展巡航导弹并保持领先地位，目前正在发展巡航导弹的法国和印度也将加紧研制工作，将有更多的国家考虑发展或设法获得巡航导弹。21 世纪初，随着巡航导弹的扩散，巡航导弹防御会有长足的发展。因此，未来的巡航导弹除了进一步增加射程、提高命中精度、缩短任务规划时间、增强目标选择能力之外，提高突防能力便成为其重要的发展方向。

1. 研发新的制导技术

发射巡航导弹就像踢足球，是惯性中段制导把足球引向球场的前场，而末制导系统使足球射门入网。在巡航导弹飞行中，惯性自控阶段的精度是十分重要的。如果不能把导弹引向限定的目标区，就像球不能运到门前，也就无法射门；但如果没有末制导这临门一脚，就永远是"0"的记录。巡航导弹航迹如图 4.3 所示。

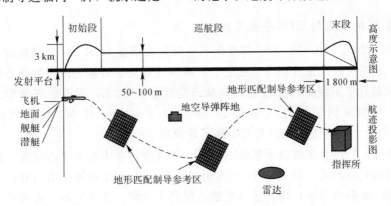

图 4.3　巡航导弹航迹图

制导技术属于信号处理范畴,它是利用弹上寻的装置检测目标信号、测量导弹与目标之间的相对位置和相对运动参数、形成控制信号、操控导弹飞向目标的一种引导方法。

制导技术分无线电（雷达）和光学 2 种体制,有中段和末段制导 2 种不同的阶段方式,末制导一般又分为主动式、半主动式和被动式 3 种类型,其工作原理如图 4.4 所示。

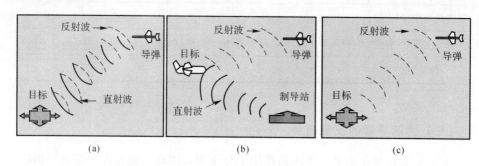

图 4.4　自寻的系统的工作原理
(a) 主动式自寻的系统；(b) 半主动式自寻的；(c) 被动式自寻的系统

惯性制导是各类巡航导弹普遍采用的一种主要制导方式,GPS 卫星制导作为惯性制导的辅助定位导航系统以修正惯导误差。地形匹配制导是一种标志区（如 10 km×2 km,间隔 100 m 的方格）等高线匹配制导方法。红外成像末制导是建立在图像识别基础上的被动式、不易被干扰、精度可达米级、使导弹威力猛增的高效费比技术,它代表着当今精确制导武器的发展方向之一。

采用红外成像导引头巡航导弹的末制导大体上可分为两类。一类是人工干预式,即人在回路遥控系统,另一类是自主式自动目标识别与捕获系统。

采用新的制导技术以提高命中精度、缩短任务规划时间和增加目标选择能力。

2. 发展抗干扰的 GPS 导航系统

BGM-109C,AGM-86C 等采用了空间位置精度为 16 m,时间精度为 1 μs 的 GPS-Ⅱ 系统修正惯性制导系统之后,减少或取消了对地形匹配制导系统的依赖,大大简化了系统,任务规划时间从海湾战争的 22 h,到科索沃战争的 1 h 50 min,再缩短到伊拉克战争的 19 min,大大降低了成本,使圆概率误差（CEP）值由 9 m 降为 3 m,大大提高了导弹的命中精度。

但由于 GPS-Ⅱ 系统抗干扰能力较弱,美国准备在未来几年内对现有的 GPS 系统进行现代化改造,计划 2013 年发射具有铰联指挥控制体系结构和点波束天线的 GPS-Ⅲ 系列卫星,将其抗干扰能力提高 100 倍。未来巡航导弹必然会采用这种抗干扰性能强、保密性能好的 GPS 接收机。

3. 研究多模复合末制导技术

复合制导的优点是能有效地利用各种传感器的信息；提高精度，减小误差；增强系统的可靠性；抗干扰能力强；降低成本；提高武器系统的快速反应能力等。

复合形式是多种多样的，有的是两种体制复合，如雷达与光学导引头复合；有的是一种体制下两类导引头复合，如光学导引头的电视与红外复合等。复合方式有两种：采用串联复合时，在飞行过程中制导方式依次从一种形式转换到另一种形式；采用并联复合时，在同一飞行时间内，同时采用几种制导方式。

未来的巡航导弹可能采用中段惯导＋GPS，末段红外成像（或激光雷达或合成孔径雷达或毫米波雷达）＋数据链制导，由于减少或消除了地形匹配和景象匹配系统的缺陷，进行任务规划时就不需要大量的图像。通过采用新的制导系统和先进的制导软件，未来巡航导弹的圆概率偏差（CEP）将降至 3 m 以内，任务规划时间能从几小时缩短到几分钟。通过选用不同的弹头，可以攻击多种高价值目标，例如指挥控制中心那样的加固的地下目标和装甲编队那样的活动目标。

（1）利用数据链技术，发展协调巡航导弹进攻的能力。由于智能性自动目标识别（ATR）技术还远未达到实用的程度，这样卫星/视频数据链技术就成为目前巡航导弹制导最先进的技术。

通过在任务规划系统采用新的计算机算法和建立导弹之间的通信链路，巡航导弹能够在飞行中利用通信链路交换数据，能识别特定目标和进行毁伤评估。如果原定目标被摧毁，能够重新选择航线攻击备选目标，从而显著增强作战效能。

美国研制的战斧多任务导弹具有两条数据传输线路，即双向卫星数据传输线路和视频数据传输线路。这些传输线路将使飞机或其他控制平台能够精选导弹的瞄准点，并能观察导弹所攻击的目标，从而使得巡航导弹具有实时目标/瞄准点的选择、目标的自动末段攻击及执行多种任务的能力。在反水面作战任务中，视频数据传输线路可以从中立的舰艇中分辨出所要攻击的敌舰，并使导弹能攻击港内的舰艇；在对陆攻击任务中，视频数据传输线路将确保导弹攻击预定的目标，然后提供攻击损伤评估。当不知道目标的确切位置时，可向可疑地区发射导弹，由遥控飞行器标定目标并用激光照射，导弹响应后实施攻击。也可以向预定目标发射第二枚导弹，由它通过数据链反馈损伤评估信息。如果第一枚导弹未摧毁目标，则通过数据链控制第二枚导弹继续攻击。如果轰炸破坏评估表明目标已被摧毁，可重新控制导弹攻击其他目标。这种瞬时的损伤评估能力，可使规划人员减少一次特定攻击任务中所需的导弹数量。

（2）研究智能末制导技术。随着多模传感器、集成电路以及计算机软硬件等技术的发展，智能制导将是未来精确制导的发展趋势。智能导引头采用多模或复合红外成像传感器（例如美国小型监视攻击巡航导弹（SMACM），即"聪明弹"

装配红外前视设备和二氧化碳激光雷达或毫米波雷达），利用多个传感器获取的信息，应用人工智能自适应技术进行自动目标探测和识别，并使其模块化、通用化，最终使命中精度达到 0.6~1.0 m。

智能导引头的反应速度快，对目标的分辨率高，制导精度高，抗干扰能力强，效费比高，可以使巡航导弹具备全天候和恶劣气象条件下作战的能力，具备打击活动目标和非预先计划目标的能力，具有目标选择的能力，能自动搜索、发现、识别、定位几平方千米范围内的目标，还能自动选用合适的子弹药进行攻击，随后迅速转向另一个目标，在目标区巡逻时间长达 60min。

智能导引头智能化的核心是智能化的信息处理技术，它在很大程度上依赖于软件和信息处理方法。这就要求信息融合技术在现有的硬件和传感器水平上，寻求新的特征层融合算法、决策层算法和传感器自动复合策略，从理论上形成一套复合寻的制导信息融合方法。

未来的智能化寻的制导技术主要有：①能在充满各种干扰的战争环境中全自动探测、搜索和识别视场中的全部目标，捕获多个目标并进行实时多模跟踪。②能够综合利用多种信息，对多传感器和复合传感器探测的数据进行融合处理。③采用具有规划、理解、推理和学习功能的计算机，能够模仿专家解决问题时有效而复杂的思维活动，使智能制导系统能在瞬息万变的战争环境中进行判断和决策，自动跟踪目标。④具有对故障、干扰和环境进行综合决策的能力。

（四）研发低成本、隐身、大射程巡航导弹

（1）向低成本方向发展，如战术战斧导弹的单价将下降到 57.5 万美元，只有 BGM-109C 价格的一半，而快速霍克导弹的预期单价不超过 30 万美元。

虚拟原型技术运用于导弹研制中，可加快新型号导弹的研制周期，降低研制成本。采用这项技术尤其适宜发展系列化导弹研制，可把新型号的研制周期缩短到两年左右，成本减少 2/3。

（2）研制隐身性能更好的巡航导弹，进一步提高突防能力。通过综合利用雷达、红外和声学等隐身技术，未来巡航导弹的雷达反射截面、红外信号特征和噪声将进一步减小，防御系统进行探测和跟踪将更加困难。

（3）采用新型发动机和高能高密度燃料，大幅度增加射程。与现在的"战斧"常规对地攻击型 BGM-109C/D 相比，未来的巡航导弹在发射重量和有效载荷不变的情况下，通过采用新型发动机，如复合循环涡轮风扇发动机、桨扇发动机等和能量更高的燃料，如碳浆状和硼浆状燃料，其射程可增加一倍，达到 3 700 km。

增加导弹射程不是单纯提高动力系统的效率，还要从弹体外型设计入手，优化外形设计，减少飞行阻力。通过控制飞行姿态即增加导弹飞行攻角来增加动力系统的进气量，不增加动力系统的部件及动力消耗，同时提高动力系统的效率，将导弹射程提高到 3 000 km 以上。

美军为了加强其全球快速反应能力，力求发展在本土发射，射程到达世界任何地区的超远距离巡航导弹。

（五）研发高超声速巡航导弹，提高突防能力和快速打击能力

俄罗斯曾独有世界唯一的超声速巡航导弹，但其装备常规弹头的这类武器一直受射程所限。俄最近宣布已装备携带常规弹头的战略巡航导弹，这种导弹可由战略轰炸机搭载，对 3 000 km 外的目标实施精确打击。

美国科学家也在研究高超声速巡航导弹，它的飞行速度将是目前美国所使用的导弹的 10 倍，可从世界上任何地点发射，2 h 之内击中地球上任何一个角落。而现在的巡航导弹要发动远程打击的话，必须用 B-52 携带，从开始计划到击中目标，至少需要 24 h。这种高超声速巡航导弹依赖于美国在超声速冲压喷气装置技术上的进步，美空军希望在 5 年之内研制成功用超声速冲压喷气发动机提供动力的巡航导弹。

美海军已研发了一种超声速巡航导弹，并于 2010 年投入使用。该导弹速度 $Ma=4\sim8$，射程为 $400\sim800$ km，精度至少达到防区外发射武器的圆概率误差（CEP）2.44 m 的水平。

美国 Hytech 高超声速导弹计划的目的是研制一种速度为 $Ma=6\sim8$ 的远程精确打击巡航导弹，动力装置采用碳氢化合物燃料，最大射程 $800\sim1\ 200$ km，生产成本不超过 20 万美元。这种导弹的发射平台包括飞机和舰艇，主要用于攻击战区弹道导弹的发射装置和机动式指挥所。

（六）研制小型监视攻击巡航导弹

洛克希德·马丁公司研发之中的小型监视攻击巡航导弹（SMACM）也称"聪明弹"，是 JASSM 的缩小型，以便装入两种新型隐身战斗机 F/A-22 "猛禽"和 F-35 多军种"联合攻击战斗机"的武器舱内。SMACM 质量为 63.56 kg，战斗部重 8.17 kg，弹长 1.64 m，射程大于 371 km，F/A-22 机内武器舱可悬挂 8 枚，安装平台包括 B-52、B-2、F/A-18E/F、F/A-22、F-35、F-117、P-3C、S-3B 等。

该导弹有两个特点：①集侦察攻击于一体；②反方向发射也能中的。

SMACM 设计用于在敌防空范围以外发射后搜寻地面目标或展开攻击。发射之后，SMACM 可以进行自动低空飞行，在飞行过程中自动调整方向，采用迂回路径飞往目标区域，然后在自动末端系统的引导下，发起直接打击。

SMACM 在飞行途中利用全球定位系统和半主动惯性导航系统制导。在飞

行末段，它则利用红外成像搜索装置和普通自动图像对比目标识别系统引导，目标确认、跟踪、打击等动作一气呵成。

发射时，不必有明确目标，可随意发射。发射后，导弹在飞行过程中，将根据 INS 和 GPS 自动修正航向，一旦发现攻击目标，立即进行锁定、追踪。同时，利用红外搜索装置观察目标，并与事先输入导航系统的目标图像相对比，二者相似程度达到一定百分比以上，就可确定攻击目标，立即实施打击。而且，在导弹发射之后，还在不断向控制平台传输数据，也可以接收来自控制平台的指令，根据指令调整方向。

第二节 巡航导弹防御技术

拦截巡航导弹甚至比击落远程弹道导弹还要困难。巡航导弹的突防能力，表现在超低空、机动规避飞行和大量采用隐身技术等方面。目前美俄的反导系统对弹道导弹构成一定的威胁，但对付几乎掠海贴地飞行的巡航导弹却显乏力。

如何构建巡航导弹防御系统？应当按照要地的重要程度分别建立多层、三层和二层不同的防御系统。对于多层多手段防御系统，一是要早期预警，预警信息经过数据处理达到目标识别的目的；二是要建立由潜艇和战斗机组成的外层防御系统；三是要建立由浮空器防御系统、舰载制导雷达和中程地空导弹等组成的中层防御系统；四是要建立近程地空导弹、密集阵和多管自动瞄准高炮和近程激光武器等组成的近程防御系统，在拦截的同时还可采用烟幕和 GPS 干扰，以及伪装隐蔽与欺骗等技术措施；五是要利用防空系统构建弹道导弹和巡航导弹共用防御系统；六是要借鉴美军于 2010 年完成研制并投入生产的"联合对陆攻击巡航导弹防御高架联网传感器系统"（JLENS）计划的研制经验。巡航导弹防御系统如图 4.5 所示。

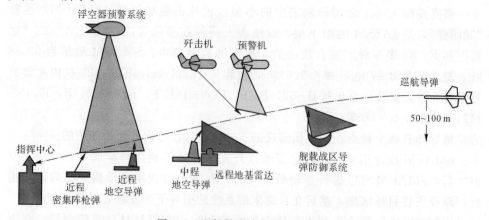

图 4.5 巡航导弹防御系统示意图

要想打赢未来的信息化战争，并贯彻积极防御的战略方针，就必须采取有效措施，建立巡航导弹综合防御系统，以粉碎敌方以远程精确制导巡航导弹为核心的空中打击，才有可能逐步掌握战争的主动权，夺取战争的最后胜利，因此研究指挥控制系统如何有效对抗巡航导弹的威胁就成为一项极端重要而又十分紧迫的任务。

一、巡航导弹的预警探测

大多数的巡航导弹，尤其是那些射程较远的巡航导弹，是沿着一条由高到低的飞行路线到达目标的。一开始，巡航导弹在较高的高度飞行以节约燃料，然后在它接近目标时降低飞行高度，尽可能低地贴近地面飞行。对于更先进的对陆攻击巡航导弹来说，在贴近地面飞行时，其飞行路径被预先设置成利用河谷和山脉等提供的地形隐蔽，并利用地球的曲率，尽可能长时间地避免被探测到。因此，巡航导弹防御作战规划人员所面临的最大挑战，是采用最为经济有效的手段，足够早地探测并跟踪来袭导弹，以便在其到达攻击目标之前拦截它们。

1. 天基探测器的困境

目前世界上仅有美国、俄罗斯拥有的导弹预警卫星系统都还不具有探测巡航导弹的能力，因为天基光学探测器无法探测到隐藏在厚云层下的弱红外源。然而，世界上的许多地区在大多数时候都是被云层所覆盖着的，特别是云层带地区（赤道南北10°以内的地区），其他地区也具有类似的云层覆盖情况，因此天基光学探测器系统无法对其进行例行监视。

对于部署在地球同步轨道上、用以监视弹道导弹发射的美国现役第三代国防支援计划卫星（DSP），其电子设备主要是红外望远镜、高分辨率电视摄像机和天线，由于其距地球太远而不能够探测到飞行中的巡航导弹。

即使下一代天基红外系统低轨卫星（SBIRS-LOW）星座，也不能经常性地探测到低空飞行巡航导弹的特征信号，尤其是出现降雨或厚云层而导致红外特征信号模糊不清时。SBIRS-LOW 由 24 颗部署在 1 600 km 左右高度上的小型、低轨道、大倾角卫星组成，2010 年部署，用于支持弹道导弹防御计划。在导弹温度较高时，如采用冲压式喷气发动机或火箭提供动力，或者是巡航导弹在高空飞行或天空无云时，如果被赋予了探测巡航导弹的任务并进行了相应的程序调整，天基红外系统低轨卫星星座有可能能够探测并跟踪它们。目前，对巡航导弹的探测不属于对天基红外系统低轨卫星的要求，并且尚不清楚其对巡航导弹防御具有多大的潜力。

本来已很困难的巡航导弹探测任务，甚至将会变得更难以实现。随着隐身技术，即特征信号降低技术在新型巡航导弹上的采用，探测这些威胁的难度将进一步增加。基于目前的预测，从事巡航导弹探测的技术人员假定，至少20多年内天基探测器是不能够可靠地探测和跟踪低空飞行的巡航导弹的，除非天基预警雷达卫星系统方案被尽快落实。

美国是最早开始天基预警雷达研究的国家，其主要目的是提供远程导弹的早期预警和保护在世界各处活动的航母舰队免遭空中打击。天基预警雷达的主要用途是：增加对中远程弹道导弹的预警时间，扩展对敌方空中目标的观测空域和时间，改善对隐身目标的检测性能，用于远距离发现远程轰炸机和巡航导弹，用于特殊区域的空中交通管制等。

然而，天基预警雷达系统与用于战场监视的星载高分辨率合成孔径成像雷达相比，技术难度更大，它需要数十平方米以上的天线和几十千瓦的辐射功率，这对天基预警雷达的设计、制造和卫星平台都提出了极大的挑战，国外目前正在进行关键技术攻关。由于我们目前还难以预测其研发前景，因此，在可预见的未来，巡航导弹目标捕获将主要由陆基设施来承担。

2. 雷达探测的不利因素

雷达是用来探测和跟踪巡航导弹的主要设施，然而利用雷达探测巡航导弹也有它不利的方面。

（1）即使是采用最基本设计的巡航导弹，其雷达截面也极小，仅 $0.05 \sim 0.1 \mathrm{~m}^{2}$。如果一枚巡航导弹正对着搜索雷达飞行，其球形前端的雷达截面非常小，就只能把极其微弱的信号反射回去。另外，如果该导弹的前端采用了可减弱某雷达特征信号的形状，则其雷达截面将会更小。物体的特征信号越弱，雷达对它的探测距离就越近。

（2）雷达很难从地表杂波中探测到低空飞行的物体。树木、鸟类、昆虫、水流、人、车辆等都能产生回波信号，而雷达必须处理这些信号。雷达的计算机要处理无数由地表物体产生的回波信号，并识别出与巡航导弹相关的微弱的特征信号，这是极具挑战性的。它类似于炮兵进行弹幕射击时试图听到一枚大头针落地的声音。为使雷达搜索防区内的地表物体的数量最少，地基反飞机雷达向后倾斜了约 $3°$，以便将最靠下的搜索波束提升到地面以上。然而，这样做导致地基雷达探测低空飞行的巡航导弹或飞机的能力变得更加困难。

（3）地球的曲率严格地限制了地基雷达对贴近地表物体的探测距离。地基或舰载雷达无法探测到贴近地球表面飞行的导弹或飞机，直到它们靠近雷达的部署位置时为止。

由于地球曲率的存在，对于低空飞行的巡航导弹或飞机来说，在靠近地基雷达之前，这些雷达无法探测到它们。因此，任何设计用于对抗巡航导弹的系统，必须采用架高的探测器，以便能够看到当地地平线以外的目标。这些系统也必须引入能够处理并解释极微弱返回信号的先进信号处理技术。

（4）在巡航导弹的设计中引入特征信号减弱技术，这种趋势使得雷达的探测更具挑战性。早先，人们发现，物体的边缘若采用平面结构，其与雷达搜索波束方向之间的角度经过精心计算，所反射的能量将向不同的方向分散。由于只有极少的信号被反射回至信号的发射点，雷达不能够在返回的噪声信号中识别出隐藏于其中的微弱回波，直到感兴趣的物体距雷达足够近、其反射信号变得强烈而清晰时为止。而且，一种先进的特征信号减弱机身设计，可能是通过在角反射器，如机翼边缘或其他连接处，采用特殊的雷达吸波材料，试图进一步降低雷达截面，使得雷达探测巡航导弹更具挑战、更为复杂。

另外，为了掩蔽发动机的特征信号，可能会将发动机置于弹体后部的下方。这样的位置可避免发动机的风扇叶片被雷达发现（风扇叶片会产生较强的雷达特征信号）。导弹弹体也起到了掩蔽发动机产生的红外特征信号的作用。

很显然，未来巡航导弹将比现在的巡航导弹更难以对付。不断发展的巡航导弹将需要用新的途径实现对它们的探测和跟踪。

二、雷达探测的几种途径

从理论上说，没有任何一种物体是完全探测不到的。即使物体仅仅是从大气中通过，也会导致空气分子的移动和对电磁频谱的干扰。对经过特征信号减弱处理的物体进行探测，关键在于集中收集那些无法屏蔽的扰动。尽管对采用特征信号减弱技术的物体的探测是很困难的，但并不是不可能的。

1. 收发分置式雷达

收发分置式雷达提供了一条探测雷达截面极小物体的可能途径。收发分置意味着雷达的发射机与接收机是分开的。而所有的早期雷达都是收发分置的，因为当时在同一部天线上从发射模式到接收模式的切换速度不够快，结果雷达脉冲被反射回到天线时，雷达却尚未切换到接收模式。因此，必须采用一个单独的发射机将无线电信号发送出去，同时采用一个分开的接收机记录并处理返回的脉冲信号。随着技术的发展，这两种功能被集成到使用公共天线的一部设备上。

2. 联网雷达

几乎所有的现代雷达都是由一部单一的设备同时实现发射/接收功能的。然而，由于需要探测经过特征信号减弱处理的物体，人们又对发展能够接收并处理其他信号源所发射信号的回波信号的联网雷达重新产生了兴趣。

具有小雷达截面的飞机和巡航导弹的出现，要求接收机能抓住回波信号，无论它是在何处接收到的。很显然，未来的探测挑战将需要采用收发分置雷达技术，形成雷达网络，以探测那些通过普通方式难以探测到或采用了特征信号减弱技术的目标。

收发分置的探测信号也可由除雷达以外的其他设施来产生。因此，任何信号源发出的无线电信号均可被引入收发分置雷达探测系统中。此类系统关键是能够实现各种雷达接收机的联网，以探测并测量发出的雷达信号及其回波信号。

3. 数据处理技术的改进

计算机处理技术的进步也打开了通向发展更先进雷达信号处理能力的大门，能够从雷达回波中获得更多的信息。此外，人们能够研制出新的算法，如那些用于高分辨率雷达的新型算法，从而能提高雷达的效率。超宽带技术也能够为雷达的发展提供途径。

（一）超视距雷达探测

巡航导弹的雷达和红外信号特征弱，能在低空利用地面杂波和有利地形隐蔽飞行，防御系统难以探测、跟踪和识别，导弹的尺寸小、射程远、机动性好，最突出的就是发现难、拦截时间短，使它成为新世纪战争中的主要攻击武器。因此，对巡航导弹的预警也已成为导弹预警中的一个重要组成部分。然而在预警手段上，它与弹道导弹却有着很大差别。弹道导弹预警一般属于中高空和高空探测，而对巡航导弹的预警则属于低空（高度 300～1 000 m）和超低空（高度 100～300 m）探测。

巡航导弹预警探测可分为地面预警探测、空中预警探测和其他方式的预警探测。

地面预警探测是在地面（或舰艇）上构建雷达以探测巡航导弹。但是对巡航导弹这样的低空目标来说，一方面由于地球曲率的影响而限制了它的探测距离；另一方面对低空目标，一般的防空雷达往往处于探测盲区，很难从地表杂波中探测到巡航导弹。

地面预警探测包括超视距雷达预警探测和对空监视雷达预警探测。

超视距雷达主要有天波超视距雷达和地波超视距雷达两种。天波超视距雷达是一种双基地雷达体制，有强的"四抗"（抗电子干扰、抗反辐射武器攻击、抗隐身目标攻击和抗低空超低空突防）能力，尤其是可以对付巡航导弹这样的低空目标。但是由于天波超视距雷达传播机理的复杂性和可靠性等问题，致使对巡航导弹的探测，在技术上仍处于探索阶段。而至今还未见到在实战中用天波超视距雷达探测巡航导弹的报道。

地波超视距雷达则是利用高频波（4～12 MHz）在通过地球表面时产生的绕射效应进行探测，由于它不受电离层的影响，因而工作比较稳定，它适用于在海岸边探测掠过海面飞行的巡航导弹和低空目标。它的最大探测距离约200～300 km。其缺点则是探测距离不够远，定位精度不够高。由于它的工作频率低，因而它的设备相当庞大，而且对海岸边的地形有严格的要求。

（二）对空监视雷达探测

对空监视雷达又称防空警戒雷达。它一般工作在米波波段，探测距离在几十千米到一百多千米之间（须把雷达天线架高）。这种雷达也可以探测到巡航导弹，但是其天线必须架高，用以压低雷达主波瓣的仰角，以保证对低空飞行巡航导弹的探测。同时多部雷达必须联网，以便对盲区进行互补。

这种雷达一般是比较简单的二坐标雷达，即只测量目标的距离和方位角，而不测量目标的仰角（高度）。为此在方位上它往往利用窄波束，采用机械扫描。而在仰角上则为宽波束。在某些情况下，如要求测量目标的仰角，那么二坐标雷达就成为三坐标雷达。

对空监视雷达的共同特点是：采用能从强地杂波中检测出微弱信号的动目标检测技术，采用捷变频、低副瓣和具有组网能力等以提高从杂波中检测出动目标的能力。为了增加探测距离，为能探测到低空目标，对空监视雷达无不把天线架高，甚至把整个雷达架设在山顶上。

（三）预警机预警探测

空中预警是把雷达等探测器安装在飞机上或系留气球（或飞艇）等浮空器上进行预警。由于空中预警是在一定高度上进行的，所以它可以不受地球曲率、遮蔽物和地面气流的影响，从而扩展了视距范围。特别是对低空巡航导弹的探测，一架预警机的覆盖面积相当于几十部地面雷达网所覆盖的面积。同时因为它可从上面对巡航导弹进行照射，也可获得较大的雷达反射截面积（RCS）。为此它是从远距离上探测巡航导弹较为有效的一种手段。

空中预警主要包括利用预警机预警和高空雷达浮空器预警等。

预警机是从空中对巡航导弹进行预警的主要平台。它的飞行高度通常在 10 km 左右，探测的最大距离可达 400 km 左右。预警机上装备具有电子扫描阵列（AESA）的脉冲多普勒雷达（PDR），这种雷达体制在俯视低空目标时，可以有效抑制地面/海面反射的强烈杂波对探测的影响，从而提高了在陆/海上空目标检测的性能。

但是利用预警机探测巡航导弹也存在着一些实际的问题：一方面飞机性能需受到雷达重量的制约，另一方面预警飞机也不可能一天到晚都在空中巡逻。因此只有与地面预警相配合，才能更好地完成预警的任务。

（四）浮空器雷达预警探测

浮空器雷达（见图 4.6）是把雷达安装在系留气球或飞艇上构成的浮空器，而系留气球或飞艇是由轻型复合材料制成的容器中充以氦气制成，这样就可以把雷达的主要部分升到3 000 m以上的高空后浮在那里，而雷达的供电控制、信息传输则是通过系留绳索中的电缆与地面站相连。雷达浮空器既可用于战区内重点保卫目标的前沿防空，又能执行空中巡逻、通信联络、环境监测等多种任务。它一次升空可持续10～30天不等。这样它就可以居高临下的探测巡航导弹等低空目标。这类浮空载体与预警机相比，有成本低、滞空时间长等优点。

图4.6 浮空器雷达

浮空器的主要特点有以下几方面。

1. 持续工作时间长

浮空器具有不限时的数据搜集能力，工作时间一般只受天气、故障和例行维修的限制。因此，军用浮空器可以不间断地获取情报和数据，并对紧急事件迅速做出响应。与预警机相比，浮空器的最大优势是滞空时间长。飞机在空中的飞行时间以小时为单位计算，而浮空器则以天为单位计算，其中系留飞艇的滞空时间可达7～10年。

2. 生存能力强

现代科学技术极大地增强了浮空器的生存能力，现代军用飞艇采用无金属骨架的软体结构，外层用防电磁波探测的复合材料和玻璃纤维制造。雷达反射面较小，几乎没有雷达回波和红外特征信号，很难被探测到。以色列"拉法尔观测系统"飞艇的艇体接近透明，可有效防止可见光侦察。浮空器气囊中装填的是氦气，气囊由成千上万个独立的小氦气袋组成，即使受到枪弹攻击，只有被击中的少数气袋漏气。而氦气是一种不易燃、不易爆的惰性气体，其压力只是略大于周围气压，泄漏速度非常缓慢。浮空器即使因枪弹击中而下降，也不会从空中突然掉下来。

3. 侦察范围广

目前，具有监视功能的预警系统已经广泛安装在地面、水上、空中和太空的各种平台上。地面平台的最大缺点是受地球曲率的影响，探测距离有限；机载平台的探测范围较大，但飞行时间短，不能提供连续预警；空间平台的侦察范围广，但对平台和侦察设备的技术要求高，且价格昂贵，目前只有美、俄两个国家掌握。

预警浮空器能够弥补地面、空中预警系统的不足，且价格便宜，对于缺少预警卫星和预警机的国家来说，是增强侦察预警能力的首选装备之一。外军进行的试验证明，一艘飞行高度 3 000 m 的飞艇，其雷达对高度 340 m 空中目标的探测距离达 300 km，对地面的覆盖区域超过 2.8×10^4 km^2，大于 13 部同类地面雷达的覆盖范围。

4. 空运能力强

伊拉克战争结束后，美军开始认真反思暴露出来的兵力和物资运输问题。此时，能够及时、大量、方便运送部队或装备的重型军事运输飞艇再次受到美军重视。美军运输司令部目前有大约 400 架运输机，其中有 81 架 C-5 运输机（载重量 118 t）、76 架 C-17 运输机（载重量 76 t）、191 架 C-130 运输机（载重量 18 t），运输能力还不能满足美军的需要。如果采用海运，虽然能够运送更多的物资，但运输时间长，而且沿途不确定的危险因素多。飞艇可以弥补空运和海运能力的不足，重型飞艇的起飞重量可达 1 000 t。

5. 效费比高

浮空器的制造费用比飞机低很多，运行成本也较低，只需要少量的维护工作，且可以连续使用。如一个 40 m 长的小型软式飞艇的价格约为 200 万美元，与价值几千万美元的无人机和数亿美元的预警机、卫星相比，价格要便宜得多。使用飞艇运输 1 t 货物的费用，要比飞机少 68%，比直升机少 94%。

三、巡航导弹的红外探测

（一）巡航导弹的目标特性指标

对巡航导弹的目标识别技术是巡航导弹防御所需解决的核心和关键问题之一。巡航导弹的目标特性指标如下：

(1) 飞行高度：5～10 m（海上），15～20 m（平地），50 m（丘陵），100～150 m（山区）；

(2) 飞行速度：$Ma = 0.5 \sim 0.9$；

(3) 巡航速度：$Ma = 0.7$；

(4) 雷达散射面积：0.05～0.1 m^2；

(5) 红外辐射强度：20 W/sr（瓦/球面度）（在 8～12 μm 波段，考虑了翼展等的加热辐射)。

(二) 巡航导弹的红外成像探测

探测和识别目标,是拦截的首要条件。雷达探测容易受到反辐射导弹的攻击。利用红外大视场成像探测技术对巡航导弹进行预警探测和指示,可以增加对目标的发现概率。红外成像技术已成为精确制导技术的主要发展方向之一。

1. 红外成像主要技术指标

目前,天线阵扫描和焦平面凝视成像的红外寻的制导技术已趋成熟,红外大视场成像目标探测技术也已得到迅速发展。

(1) 红外焦平面凝视成像。

瞬时视场:0.2 m·rad(米弧度);

成像视场:360°×(1.5°~3.0°);

帧频:(20~300) Hz。

(2) 红外大视场探测。

瞬时视场:0.5 m·rad(米·弧度);

成像视场:120°×45°;

帧频:(1~2) Hz;

对 20 W/sr(瓦/球面度)目标的探测距离大于 10 km。

2. 红外大视场成像探测的优点

(1) 良好的隐蔽性;

(2) 利用整个景物的相关性提取目标信息;

(3) 最大限度地利用目标的几何特性和运动特性识别目标;

(4) 利用前后帧相关,降低地物背景杂波的影响,实现对超低空目标的探测。

目标超低空飞行时,能利用地形地物作隐蔽。在利用红外大视场成像探测低空目标时,红外成像制导和雷达成像制导构成一个双模复合制导体制,既可提高抗光电干扰性能,又可利用多模复合制导进行数据融合,从而提高对目标的识别能力。

3. 无源红外探测系统

无源红外探测系统对目标的依赖性小,目标发动机燃烧室金属空腔和尾喷口温度高达 1 000 ℃以上,排出的热气柱在几十米的长度内,温度保持在几十至几百度。即使发动机停车,导弹蒙皮辐射的红外线也可在足够远的距离上被探测到。目前,世界上在研的无源红外探测系统主要有星载、机载和舰载探测系统。

(1) 星载红外探测系统。美国研制的天基红外预警卫星系统(SBIRS)可用来装备短波、中波和长波红外探测器，宽视场短波红外传感器，窄视场多光谱中波、中长波、长波红外及可见光跟踪传感器，核爆炸辐射探测器，宽带激光成像雷达，利用散射太阳光来探测导弹的可见光探测器，可见光电视摄像机等装置，具有轨道机动能力。宽带激光成像雷达分辨速度比多普勒雷达高3 000倍，它通过测量弹头的速度和激光束的"脉冲追踪"，区分导弹喷焰和天然热源，并识别弹头。天基红外导弹预警卫星可根据作战需要，机动到某一战区上空的轨道上，以监视目标。

(2) 机载红外探测系统。美空军E-3预警机上装备的红外传感器，可用于对目标的早期探测和预警。目前，国外已有79种机载前视红外探测系统 (FLIR)，其中长波占64种，中波占15种。美国某国家实验室已经开发了一种基于硅或镓的砷化物的悬梁结构红外探测器，它能探测出低至10^{-6}数量级的温度。

(3) 舰载红外探测系统。美国海军研制了一种舰载红外预警系统 (LRST)，采用以640×480 InSb芯片，探测波段为$3\sim5\mu m$，扫描速度为60 r/min（圈/分钟），扫描视场为360°×(2.0°～2.5°)。它通过目标红外辐射信号的梯度变化，探测刚飞出海面的巡航导弹，将目标航迹、方位和俯仰角等信息传递给"宙斯盾"导弹驱逐舰上的导弹拦截系统，这种舰载红外预警系统在连续搜索目标时，仍能继续跟踪已捕获的目标。

四、巡航导弹防御方式

目前，对反巡航导弹系统的研究也才刚刚开始，我们获得的一些有价值的结论为，一是发展对巡航导弹的预警系统，重点是发展浮空器系统；二是发展一体化的防空系统，寻求反巡航导弹与反飞机、反战术弹道导弹能相互共用的探测器和拦截武器，不搞"单打一"，使未来战争中处于十分重要位置的防空作战成为反飞机、反巡航导弹、反战术弹道导弹的一体化作战；三是力求发展低成本反巡航导弹系统，重点是低成本的拦截弹；四是用研制之中的强激光武器对付巡航导弹。

(一) 主动反巡航导弹

主动反巡航导弹，一是建立打击发射平台，二是进行远程拦截，三是实施近程击毁。

(1) 建立打击发射平台。防御巡航导弹最重要的手段就是打击其发射平台、支援系统、指挥控制信息链、电子战系统等。集中使用远程空-地打击兵器，在敌使用巡航导弹的征候已经明显以及正在使用巡航导弹的过程中，抓住有利时机主动出击，尽可能地摧毁敌巡航导弹的发射平台。

(2) 进行远程拦截。使用先进的防空导弹，在准确及时的侦察预警保障和严密可靠的防护抗干扰掩护之下，对飞行中的巡航导弹实施尽远拦截。

(3) 实施近程击毁。由于巡航导弹几乎能在任何地方实施跃升机动和俯冲，因此必须采用多层防御。综合利用陆、海、空军防空力量和各种型号的高炮、飞机和单兵防空导弹等防空兵器，沿敌巡航导弹的飞行航路，形成远、中、近程与高、中、低空相结合的立体防空火力网，以拦截敌巡航导弹。

近年来世界各国研制成功的具有反巡航导弹能力的导弹有：美国的爱国者先进能力-3是防空、反导兼容型防空导弹。宙斯盾导弹是全天候、中远程舰-空导弹，经过多次改进已演变出16种型号，成为世界上装备数量最多的舰载防空导弹。俄罗斯的安泰-2500导弹是在S-300导弹基础上研制的，是一种机动式反导、反飞机的通用导弹，可拦截各种飞机和巡航导弹。箭-2导弹是以色列与美国合作研制的一种防空导弹，其拦截高度为10～400 m，作战距离为90 km，杀伤概率达90%，具有一定的低层防御能力，目前已具备作战能力。

(4) "空抛雷"的作用是在瞬间形成拦截面和防护墙，是拦截敌巡航导弹和低空飞行器的有效武器。被发射上天的空抛雷，呼啸着刺破云层在天空爆炸，400个小钢珠随着爆炸声形成空中的防护墙，可以拦截亚声速巡航导弹等目标。

(二) 被动反巡航导弹

被动反导：一是干扰迷盲技术，二是障碍阻击技术，三是光电干扰技术。

(1) 干扰迷盲。统一编组和运用各种电子战力量，从不同空间沿敌巡航导弹的主要来袭方向实施电子干扰，使敌巡航导弹因制导失控而改变航路偏离方向、脱离目标以至自爆。

采用特殊的干扰天线对巡航导弹进行GPS干扰；通过在巡航导弹的高度表频率上进行模拟虚假地形的各种调制来产生高度干扰；对巡航导弹的导航软件进行计算机病毒干扰；炮射电磁干扰弹，使巡航导弹内的电子电路永久或暂时失效，以达到保护自己的目的。

(2) 障碍阻击。广泛发动各种专业力量，在敌巡航导弹飞行航路必经的有利地形以及欲攻击的重要目标附近，预先和临时设置主动式与被动式相结合、爆炸性与非爆炸性相结合的多道低空立体遮障，使敌巡航导弹撞毁或被击毁。

(3) 光电干扰。目前，反舰巡航导弹大多采用惯导加雷达末制导或红外末制导的制导系统，因此，在末制导段实施光电干扰十分有效。这可以从两个方面来实现：其一把目标信号或对比度降低到传感器系统无法鉴别的程度，也就是消除或降低目标的光电暴露特征，或者使目标与背景在光电探测条件下一致。其二用假的或歪曲后的目标信号取代真实目标信号，也就是歪曲真实目标暴露征候，用假目标信息欺骗敌方，使其产生错误的判断，这就是所谓的假目标欺骗。例如，利用宽波段（多功能，包括可见光，中远红外，甚至毫米波）烟幕进行遮蔽干扰；烟幕的大量微小颗粒对可见光、红外辐射起吸收和散射作用。把入射的红外辐射衰减到光电瞄准探测系统不能可靠工作的程度，致使巡航导弹找不到目标。在北约入侵科索沃的战争中，南联盟就曾利用燃烧废旧轮胎的办法来对敌方的巡航导弹进行干扰，使其末端携带的数字景象匹配系统丧失作用。

（三）GPS 干扰与反干扰

伊拉克战争中，美英联军 30 万大军云集海湾欲"拔城攻寨"之时，毫无招架之力的伊军防空部队为削弱和破坏美英联军精确制导武器的威力，针对美军 GPS 的"软肋"，积极与美军展开了 GPS 的对抗与反对抗，在伊军防空作战整体"败笔"中写下了一点"杰作"。

GPS 是美国的一种全球卫星定位系统，被视为"现代罗盘"，可为美军位于全球任何地点的飞机、导弹、舰艇、车辆乃至单兵提供精确的位置、速度和时间数据，定位精度达到 10 m，测速精度小于 100 mm/s，计时精度可达 100 ns，而且具有定位快、隐蔽性好、抗干扰、不受地形和地域限制等特点。在伊拉克战场上，美军"指哪打那"和防空火力区外远程精确打击能力等都很大程度上依赖于 GPS。据估计，美国在伊战中所使用武器有 80% 要通过卫星制导。可以说，GPS 对美英联军在伊拉克的军事行动起到了至关重要的作用。即使在狂沙肆虐的天气里，就连巴格达的高射炮都不得不偃旗息鼓，而美军在 GPS 指引下依然可以实施精准轰炸。不难想像，如果 GPS 卫星信号失效，美英联军肯定将无法继续作战。

GPS 由空间组网星座、地面网站和 GPS 信号接收设备 3 大部分组成。对其空间部分、地面控制部分和由地面控制部分发往卫星的上行线信号进行"软""硬"攻击的难度都非常大。从卫星反馈到用户定位设备的下行线信号却比较微弱，容易受到干扰，干扰可以使 GPS 用户接收机的定位、导航精度降低或产生误码。GPS 的下行线信号便是其"软肋"，也是伊拉克战争中双方对抗的焦点。

干扰影响 GPS 下行线信号的方法通常有以下几种。

（1）仿制并发射一组大功率 GPS 卫星，交替经过战区上空。其频率的密码模仿敌方卫星，但轨道和坐标不必太准确，这样，敌在战区使用 GPS 系统定位时，就可能接收到若干准确信号和 1~2 个错误信号，只要一个信号不准，就会出现错误。

（2）以装有模仿 GPS 信号发生装置的飞机，不定时地在战区高空飞行。因飞机高度低于卫星，其信号强度比卫星大得多，干扰能力也较强。

（3）研制一次性空投或抛射的 GPS 地面干扰器，发射或预先放置到某个区域内，可干扰破坏近距离内的 GPS 定位设备；也可使用大功率干扰机，在己方阵地前沿使用，对敌方前沿和浅纵深的 GPS 定位系统及进入己方区域的 GPS 制导武器弹药进行干扰。

在上述 3 种干扰或影响 GPS 下行线信号的方法中，只有第 3 种方法简单易行，也符合伊军的实际，自然成为伊军防空部队用来破解美军 GPS 的方法。开战之前，美国军方就怀疑伊拉克持有 200 个购自俄罗斯的 GPS 干扰仪，专门用于对付美国的精确制导武器。据称，这种干扰仪只有香烟盒大小，可以迷惑精确制导炸弹和导弹。战争初期，美军的部分巡航导弹、精确制导炸弹偏离目标及联军的多次误伤都与 GPS 干扰仪有关。

为了保证 GPS 充分发挥效能，确保大量的精确制导武器不被伊军"致盲"或降低效能，美军主要利用其先进技术采取了主动式和被动式的反对抗措施。一是研究提高 GPS 制导武器的抗干扰技术。美国研制出了自适应滤波器天线。这种天线对宽、窄带干扰机具有较强的抗干扰能力，通过数据处理技术，采集 GPS 信号和干扰机信号，经分析和数据控制，最终使天线零点指向干扰机，从而避免干扰信号的接收。二是搜索测定伊军卫星定位干扰仪的位置并摧毁之。有媒体报道，在开战头两天，美军就专门对伊拉克干扰破坏其卫星定位装置的干扰仪进行了搜索定位，并摧毁了其中 6 套 GPS 干扰系统。三是加密 GPS 信号，防止伊军用己之"矛"攻己之"盾"。另外，美军还研制使用了对指定区域的 GPS 信号进行定向干扰的技术，使伊军无法利用 GPS 信号为其军队提供定位、定时服务。伊拉克战争实践证明，美军实施的 GPS 反对抗措施基本达到了预期的效果。

（四）发展一体化防空系统

发展一体化防空系统，实施多层拦截。反巡航导弹的最佳方案就是用潜艇、弹道导弹等对敌地面、飞机、舰艇发射平台实施先发制人的攻击使之不能发射，但要做到这一点难度极大。因此敌巡航导弹一旦升空，依距离远近实施多层拦截将是反巡航导弹的最有效手段。

多层防御将是拦截巡航导弹的最有效方法，外层由战斗机对来袭的巡航导弹进行消耗性攻击，中间层由浮空器、空基探测器平台引导的地空导弹狙击漏防的巡航导弹，内层由近程地空导弹进行拦截。

先进战斗机在反巡航导弹中具有巨大威力，因为它们所装的下视下射雷达、红外搜索与跟踪装置相互弥补，能发现低可探测性巡航导弹的航迹及其在地面背景中的运动。装有毫米波主动雷达导引头或凝视红外焦面阵列导引头的空空导弹能将目标与干扰物或地面杂波区分开来，因此能发现、锁定并拦截巡航导弹。战斗机的优点是活动范围大、机动性强，适用于远距离拦截作战，以及执行大面积防空任务。因为它的许多单元都可以空运，所以该系统能同快速反应部队一起部署到冲突地区。

改进的防空导弹系统可在反巡航导弹中发挥一定的作用。有试验证明，原来主要用于对付飞机的比较先进的防空导弹系统，如美国的爱国者、改进型霍克、俄罗斯的 S-300P（SA-10）等防空导弹系统，经过适当的改进，都可用于拦截巡航导弹。

负责防御。俄罗斯的反导武器系统 S-400（最大拦截距离 400 km）和美国战区高空区域防御系统（最大拦截距离 200 km）都可以拦截巡航导弹。10～100 km 距离，由中近程地空导弹狙击。如俄罗斯的 S-300 系列防空导弹、美国的爱国者 PAC-3 型导弹、装载宙斯盾雷达系统的舰载标准型导弹等，均可在较远距离上拦截巡航导弹。正在研制中的法国中程地空导弹（SAMP/T）、德国的战术防空系统（T，VS）、英国的先进导弹系统以及美、德、意联合研制的扩展中程防空系统等在拦截巡航导弹方面也将大有作为。

10 km 以内，由近程地（舰）空导弹、防空高炮和弹炮结合的系统实施拦截。当巡航导弹进入距目标 10km 以内的空域，首先各种防空导弹就可以大显身手，其代表有俄罗斯的 SA-11，SA-14，SA-15，SA-16，SA-N-8，SA-N-10，英国的长剑 2000，星光，海狼，美国的毒刺、光纤制导导弹，法国的西北风，以色列的闪电等。在这些防空导弹中，有些便携式导弹具有发射后不管的能力，可大量、迅速、机动部署在巡航导弹来袭方向。弹炮结合系统中较典型的有美国以色列共同研制的 HVSD/ADAM、俄罗斯的通古斯卡 2S6 及其派生型铠甲 S1。速射高炮主要有美国的密集阵及改进型马达斯、西班牙的梅罗卡以及法国、日本正在研制的超高速高炮等。

（五）发展低成本反巡航导弹系统

为了避免过多使用成本为数百万美元的武器来摧毁成本不及其 1/4 的巡航导弹，人们开始寻求一旦探测到巡航导弹便能够对其实施拦截的低成本拦截系统。发展低成本反巡航导弹系统，重点是研制低成本的拦截弹。由于上述多层拦截系统费用太高，它需要提供大范围的陆基系统，需要在现场保持大量的机载设备，并且在单一的反巡航导弹作战任务中占用了许多有价值的资源。因此，美军提出除主要依靠现有的多层拦截方式以缓解现实严重威胁之外，目前应花费大力气以探索新的思路。

美国国防高级研究计划局提出了发展低成本反巡航导弹计划，力图率先解决未来的反巡航导弹问题。该计划的基本要求是低成本、高效费比、适合多种作战平台，要求拦截弹的价格为现在空空导弹价格的几分之一。从 1997 年开始投资 300 万美元进行概念性研究的该计划，其目标是在 2000 年进行了概念论证，2004—2006 年具备初始作战能力。所谓初始作战能力，主要是指发展低成本拦截弹技术，同时也考虑包括监视和火控系统在内的各个方面。

（六）用激光武器反巡航导弹

1. 低能激光武器

低能激光武器已于 20 多年前开始运用于实战之中。应用它就能使巡航导弹导引头中的光电敏感器件失灵。现在已投入实战应用的低能激光武器有英国的舰载激光眩目照射器和俄罗斯的"基洛夫"级巡洋舰上的激光武器系统。

2. 高能战术激光武器

高能战术激光武器拦截巡航导弹的可行性已得到了验证。1996 年 3 月，美国陆军与以色列联合研制的鹦鹉螺高能战术激光武器，在试验中摧毁了模拟巡航导弹飞行的 BQM-34S 型靶机。预计这种系统可能安装在布雷德利战车或重型卡车上，其燃料舱携带的燃料足够进行 50 次射击，每次射击成本数千美元。

在中近程防空武器中，战术激光防空武器系统技术已经发展成熟。该武器系统可防御几乎所有低空飞行的目标，包括巡航导弹、空地导弹及各种飞机。美国、荷兰联合研制的舰载激光器，可用于近程拦截巡航导弹，射速为 1 次/s，可连续发射 100 次，再装填时间仅 10 s，已于 2000—2005 年取代密集阵等防空炮。据说，美国、以色列正在研制的战术高能激光器的激光热流可使 29 种导弹的推进剂贮箱破裂。

第三节　美军巡航导弹防御计划

一、"联合对陆攻击巡航导弹防御高架联网传感器系统"（JLENS）

英国《防务新闻》2006 年报道，在布什政府正加紧部署拦截弹道导弹的国家导弹防御系统（NMD）之时，又出台了拦截巡航导弹的"NMD"计划——"联合对陆攻击巡航导弹防御高架联网传感器系统"（JLENS：Joint Land-Attack Cruise Missile Defense Elavated Netted Sensor System，见图 4.7）计划。美国军方已与雷声公司签订总值约 110 亿美元的订单，促使该公司加紧研发这种新型导弹防御系统。JLENS 系统能有效发现巡航导弹，且能与多种防空导弹系统协同作战，有望成为巡航导弹的"克星"。

（一）JLENS 的发展概况

JLENS 计划是美国国防部巡航导弹防御战略的主要组成部分。JLENS 的重点是发展先进的雷达设施和将作战区域内不同系统的探测能力联网所必需的通信系统。JLENS计划也包括研制气球，作为一种低成本的平台，将先进的探测器系统架高，以实现对潜在威胁的长期监视。更为重要的是，JLENS计划旨在提供先进的联网探测器能力，作为链接所有军种探测能力的部门，有助于实现有效的防御。

图4.7　JLENS系统示意图

JLENS系统将控制和引导诸如陆军"爱国者"、空军"先进中程空空导弹"和海军"标准"导弹的拦截弹。这些导弹可超视距"盲"发射，由JLENS引导去拦截敌方的目标。

正在研制的JLENS探测器设备将被部署在庞大的系留气球上。所用的气球充满气后长度为71 m，飞行高度10 000～15 000 ft（1 ft=0.304 8 m），其系留缆绳可承受$3.33×10^5$ N，并充当供电电缆、数据电缆和锚缆；按照设想，这些气球将成双部署，以停留的卡车为锚。卡车之间相距约5 km。大多数情况下，由5人组成的工作人员与一个"爱国者"连配置在一起。支持海军在沿海作战时，工作人员将会位于靠近海岸的驳船或货船上，以便针对反舰巡航导弹或其他空中或地面威胁来实施超视距火控。

安装在二者之一浮空器上的雷达为监视雷达，它可进行360°搜索，其探测距离大于250 km，并对感兴趣的物体进行照射；5 km之外另一个浮空器上的雷达为跟踪雷达，它可对150 km范围内感兴趣的物体进行精确跟踪及火控。运行所需的电力通过系绳内的电缆传送，数据则利用系绳内的光缆进行双向传输。为了使挂在气球下重$2.67×10^4$ N的雷达设施的体积和成本最小化，数据由地面进行处理。另外，JLENS系统通过控制该区域内任何防御系统的发射，就可击落敌方的导弹和飞机。

JLENS 的生存力比一般人所想象的要大得多。空空导弹上的探测器系统并未设置成能够锁定浮空器的形式。圆形的气球仅能反射极少的雷达波，而大部分的雷达波都会穿过气球，其红外辐射强度也极弱。

有人怀疑气球可能会被 1 mi（1 mi（英里）= 1.609 344 km）以内开火的小口径的机枪射穿。由于气球内氦气的气压仅仅比外部空气的气压稍高一点，气球上的任何洞都不会导致氦气大量泄漏，但是随着氦气与外部空气开始缓慢地建立平衡，氦气会逐渐地消耗。气球仍可在空中停留数小时到数天，同时缓慢地降低高度。如果发生了这种情况，E-3 预警机或其他类似的探测器系统将不得不就位，以恢复任务的执行，直到气球被修复。

与 E-3 预警机平台相比，JLENS 的采办成本要低得多，并且其运行成本还不到 E-3 的 1/10。从根本上讲，JLENS 担负的是岗哨的任务，而 E-3 则担负机动的职责。与无人机相比，庞大的雷达系统非常沉重，并需要大量的电力，且美国需要雷达系统实现无论是否有云条件下都能够对某一区域进行连续的覆盖。而 JLENS 雷达重 2.72×10^3 kg，并利用光缆下传大量的数据，无人机通常是不能满足这种需求的。

JLENS 将能够提供地面部队移动的有关信息，这也是 JLENS 的任务。因此，这种探测器系统可同时对空中和地面进行监视，故在 JLENS 守护固定或机动性较差的设施的同时，可在形势易变的区域内部署更多的机动式设施。

恶劣的天气条件下将要求把浮空器系统收回到地面。然而，气球在空中可承受高达 60 节（1 节=0.514 444 m/s）的风速，因此这种系统被设计成可长时期地在空中待命，仅仅是为了进行月维护或遭遇极恶劣天气时才收回，尤其是处于严重威胁条件之下的时候。

（二）JLENS 的五大特点

与目前的弹道导弹防御系统相比，JLENS 系统具有五大显著特点。

（1）侦察范围广。一套 JLENS 系统计划由两个高空系留飞艇组成，在 3 000～4 600 m 高度飞行，一般可监视战场前方边界后 100 km 的区域。其中一个飞艇携带一部侦察雷达，另一个携带一部精确跟踪和照射雷达（PTIR），以绳索与地面的移动停泊站相连，移动停泊站配备有相关的信号和数据处理的计算机系统。

监视雷达使用旋转天线，它产生一个宽波束用于有效的空间搜索，从而提供方位 360°、作用距离可达 320 km 的三维空域图。传感器的功能得到 IFF（敌我识别器）和其他目标识别系统的加强。信息经过联合数据网和联合融合航迹网分发，用于形成统一的综合空域图（SIAP）。JLENS 还提供了一个对数据链和语音传输的空中通信中继用以支持 SIAP。

跟踪和照射雷达使用了可以机械操纵±200°方位角的相控阵列，它可以在一个扇区上精确跟踪多个目标,作用距离达 250 km。它还可以照射多个目标,以便由使用半主动雷达导引头的导弹进行拦截。JLENS 可以自动区分远程和本地跟踪的优先次序,或者接受外部请求,已确定哪个目标应当提交给精确跟踪和拦截支持。

(2) 系统造价低。JLENS 的雷达平台是气球或飞艇之类的浮空器,这类飞行器的造价远比飞机和卫星便宜。据雷声公司的专家介绍,JLENS 的运作开销大约是每小时 500 美元,远低于固定翼侦察飞机,而使用 E-3 预警机每小时至少 7 000 美元。

(3) 战场风险小。计划用于 JLENS 的飞艇全长 71 m,可以携带 3 000 kg 的负载升至 4 600 m 高度。它需要 24 h 进行充气,2~3 h 从装在拖车上的系留系统上启动,30 min 部署到运作高度或从运作高度收回。电力由地面经一根系缆提供,可持续 30 天以上的留空监视。这个系统还提供宽带光纤通信,可以让多个系统部件留在地面,易于维护。由于预警机一类的探测设备造价高,且最多只能在空中逗留 16 h,因而如果持续在冲突区域留空,势必付出高昂代价。JLENS 凭借低廉的成本,因而特别适用于高危或冲突地区。

(4) 匹配性能好。JLENS 的用途是提供一个费效比合算的空中平台,用以支持超视距防御对陆攻击巡航导弹。它能够与多种防空导弹系统协同工作,包括美国陆军"爱国者"导弹、美国海军"标准"导弹、以及 AMRAAM 的地面发射改型,如还在开发中的 USMC 的辅助低空武器系统(CLAWS)。

(5) 无人操作,自动化程度更高。NMD 的预警站和远程预警雷达都需要为数众多的技术人员操作,但 JLENS 系统的雷达全部装在浮空器上,完全自动化,节省了大量人力成本。

(三) JLENS——巡航导弹的克星

有人指出,美国目前推行的导弹防御系统主要针对弹道导弹,而很难拦截超低空飞行的巡航导弹。这很大程度上与巡航导弹的性能特点有关。众所周知,巡航导弹体积小、飞行高度低,海面飞行高度为 7~15 m,平坦陆地为 50 m 以下,基本是随地形的起伏而不断改变飞行高度,而这一高度又在雷达盲区之内,所以监视系统很难发现它。另外,巡航导弹采取有效隐身措施后,其雷达反射面积仅为 $0.02 \sim 0.1 \text{ m}^2$,相当于一只小海鸥的反射能力,在雷达荧光屏上只有针尖大小的一个目标光点。

美国想用它来对付敌对国家的巡航导弹,因为 JLENS 解决了"发现并识别"这个对付巡航导弹的瓶颈。按照设计,一套 JLENS 系统由两个高空飞艇组成,雷达在 3 000~4 600 m 高度运作,有效克服了地形对雷达的阻碍,方圆 250 km 内来袭的巡航导弹及敌机,在 JLENS 雷达侦察下都无处遁形。测试显示,与一个"爱国者"导弹连相比,在对抗复杂地形上空 100 m 高度内飞行的巡航导弹时,JLENS 可以增加 700% 的战场区域。

JLENS 也存在一些亟待解决的问题,主要是它还面临许多技术挑战,特别是飞艇需要在高空驻留,但高空处空气稀薄,这将限制飞艇的载重,因而会影响其军事应用。另外,超大型飞艇假如在跑道上遭遇破损,由于其尺寸巨大,将比受损飞机更难移动。此外,由于体积巨大且缺乏自卫能力,它容易遭到毁灭性攻击。

(四) JLENS 的研制计划

1996 年 1 月,由美国陆军牵头为 JLENS 建立了一个联合工程办公室。JLENS 由航天和导弹防御指挥部 (SMDC) 领导,空军和海军提供专职的副职计划负责人。1997 年 8 月完成概念研究和相关的降低风险措施之后,SMDC 于 1998 年 1 月与 H&R 公司(现为雷声公司)签订了演示阶段合同。JLENS 的用途是提供一个费效比合算的空中平台,用以支持超视距防御对陆攻击巡航导弹。

JLENS 已进行了一系列的演示,使用了仿真和替代设备。在"漫游沙漠 98"防空演习期间,JLENS 是以仿真方式运行的,它使用了"延伸防空仿真模型"对平台、传感器和通信设备进行建模。将 JLENS 连接到一个"多链接转发器和显示系统"局域网,使它可以将数据转发到 JTIDS 网络。它将全空域图传送给"爱国者"、战区高空区域防御系统 (THAAD)、"宙斯盾"和近程防空系统。德国空军的"爱国者"连报道说,使用一 JLENS 航迹号击毁了一枚巡航导弹,验证了该系统的有效性。

雷声公司已将 JLENS 系统划分为三个发展阶段。第一阶段主要是开发一个 71 m 长的浮空器、一个传感器系统、一套通信系统及一套便携式数据处理工作站,该阶段已于 2005 年完成,并通过了性能测试。第二阶段即系统发展和验证阶段,也已从 2005 年底开始,它是在第一阶段成果基础上开发更大型的浮空器,以及更精密的跟踪和监视雷达,合同金额 13 亿美元。第三阶段从 2009 年开始对 JLENS 进行系统试验和全面实战测试,2010 年已完成该系统的研制工作并投入生产。

二、海军的防御项目

美国海军在防御低空飞机和导弹方面的经验比世界上其他任何部队都要多。因为海军的航母战斗群和两栖戒备大队长期在拥有反舰巡航导弹的国家周边水域活动,海军必须考虑所有技术需求和作战概念以对这些武器进行综合防御,其结果是建立一个由多级防御传感器和攻击武器系统组成的分层体系。

海军防空体系由大量系统组成,但是其中三种系统特别与本土巡航导弹防御相关：宙斯盾作战系统、E-2C预警机和协同作战能力系统（CEC）。这三种系统以及一些子系统如标准导弹构成了海军海上防御部队的主要支柱。

宙斯盾驱逐舰作战中心的作战人员能监视广阔空域，能同时精确跟踪100架敌方或友方飞机。宙斯盾作战系统为阿利伯克级驱逐舰和提康德罗加巡洋舰提供了核心作战能力。它由一座全方位阵列雷达、一套武器控制系统和一套指挥系统组成，可持续跟踪和摧毁最先进的空中威胁。最近几年，美海军一直在提升宙斯盾防空系统，提高发现和跟踪掠海飞行的巡航导弹、消除无关雷达回波、抗电子干扰攻击的能力。此外，美海军也改进宙斯盾系统以提高防御洲际导弹的能力。宙斯盾雷达的巨大搜索能力，与同时监控100架飞机并能快速识别威胁的能力相结合，使其在美国面临巡航导弹威胁时成为部署到沿海地区的主要作战装备。

宙斯盾系统的主要缺陷为，它主要是一种海基传感器。即使在平静的海平面上，由于地球的曲度影响水平面的有效探测范围，附近的地形特征加剧了这个问题。为了及时发现空中威胁，海军使用了舰载的E-2C预警机，E-2C预警机的雷达能监控6×10^6 mi^3（1 mi^3 = 4.17×10^9 m）的空域，包括海面传感器探测范围以下的区域。它的计算机能同时跟踪2 000架飞机，能同时指挥拦截20架敌机。海军目前正在升级它的雷达，使其能更好地跟踪低空飞行的巡航导弹，这种任务需要快速过滤地面目标的无关雷达回波。

E-2C预警机已经与宙斯盾系统紧密连接，以便海面传感器和武器一发现空中威胁就能实施打击。这种连接极大延伸了标准导弹的有效射程。E-2C升级计划将进一步扩大它的连接，使其与联合部队的防空装备进行通信，包括空军的预警雷达飞机和陆军的地空导弹。E-2C的高搜索能力、精确目标识别和广泛的连通性表明，它将成为未来巡航导弹防御联合体系中的一个中心节点。

像空军一样，海军装备传感器和通信链路的下一代战斗机适合进行网络战。安装在F/A-18和F-35飞机上的主动电子扫描阵列雷达将极大提高飞行员在视距外打击敌飞行器的能力。这种改进的跟踪和攻击能力与E-2D的探测和战斗管理系统相连接，它将帮助把海基战斗机合成到分层防御体系中以对抗巡航导弹。

协同作战能力系统是海军正在进行中的有关巡航导弹防御的最重要的网络计划，也是网络中心战防御巡航导弹的雏形。该系统正安装在宙斯盾战舰、E-2C和其他允许从大量地点立即合成雷达数据的其他平台上。结果是可形成比任一传感器所能提供的更详细的空域合成图像。因为一个战斗群的所有成员都能访问同样的空中图像，所以防御兵器能比单独依靠本地传感器更远更快地使用。联合攻击可能是任何综合防御巡航导弹系统的主要特色，因此海军正在决定如何使协同作战能力系统在联合体系中发挥更大作用的问题。

三、空军的防御计划

空军一直是美国本土防空的主要力量。目前的空军本土防空的体系包括地面和空中传感器，这些传感器通过指挥中心与作战飞机连接。空军本土防空的大量任务由空军国民警卫队承担，但战时常规部队能迅速补充执行这项任务。空军防空体系中最重要的两种作战系统为F-15战斗机和E-3空中预警与控制飞机。F-15装备高级中程空空导弹（阿姆拉姆）和电子火控雷达，是世界上最有效的战斗拦截机。它与E-3预警机协同，能针对现有空中威胁提供灵活的和高生存能力的防御。

E-3空中预警与控制飞机是在波音707和波音767商用运输机基础上改装而成的，能侦察300公里以上范围内低空飞行的飞机。当发现潜在威胁时，它使用机载作战识别系统确定威胁目标的身份。如果被跟踪目标确是真正的威胁目标时，E-3飞机的战斗管理系统引导战斗机实施拦截。E-3飞机的传感器和相关子系统正进行"雷达系统改进计划"，以提高跟踪较小雷达反射信号的目标如巡航导弹的能力，以及提高抗电子干扰和抗欺骗的能力。

空军已认识到目前的防空体系并不非常适用防御攻击本土的大型先进巡航导弹。主要传感器的持久性、探测距离、灵敏性和生存力的不足应是潜在危险。攻击系统正迅速老化，不具备对抗计划完好的巡航导弹攻击所需要的续航力和敏捷度。空军最高级的两种现代化项目F/A-22和E-10飞机预计在克服这些不足方面将起到重要作用。

空军计划以E-10飞机取代E-3飞机和E-8联合星雷达飞机。E-10飞机将装备先进传感器和"多平台雷达技术插入计划"的雷达及其软件包，这种软件包能帮助E-10飞机跟踪低空、隐形飞机。这种软件包也是空军提高巡航导弹防御能力一系列的计划之一。美空军还计划在全球鹰无人机上安装这种雷达及其软件包的改进版本。因此，E-10和全球鹰飞机可能在未来的巡航导弹防御中协同行动。

F/A-22多用途飞机已取代F-15，它比现有战斗机的续航力、灵敏度、通信和探测能力都高。它所担负的一个主要任务是在前沿地区和本土上担负巡航导弹防御。F/A-22的一个优势是能进行超声速巡航，能冲到巡航导弹的附近，在需要加油前可进行多次攻击。F/A-22的另一个优势是安装有高级机载传感器和能进行跟踪、识别和攻击较小雷达反射信号飞行器的计算机。

四、陆军的防御项目

陆军现有防御巡航导弹的主要武器系统是爱国者防空系统。爱国者已经使用多年，但正升级为更通用的爱国者-3型导弹。爱国者-3于2003年部署，并参加了伊拉克战争。爱国者-3的设计是把一个毫米波寻的器与指挥链综合在一起，对控制器进行遥控，确保实现对巡航导弹的碰撞摧毁。一个爱国者-3发射架携带16枚导弹。

陆军的另一种增程型防空系统正处于研制之中，即中程增程防空系统（MEADS），它的射程为爱国者-3的两倍。中程增程防空系统是美国、德国和意大利联合研制的项目，最终将取代爱国者、霍克和其他老式的防空武器。这种新系统将具有全方位的侦察和跟踪能力，快速机动能力，以及具有与海军的协同作战能力系统（CEC）相似的分发式结构，并能与盟国的传感器和武器系统形成综合防御网络。

中程增程防空系统已在2010年装备。陆军已吸收它的一部分技术，并运用到现有的防空系统中。例如，一种新的轻型发射架和改进型战斗管理系统已在2010年前装备。陆军还寻求将陆军防空系统和其他军种的防空系统相连接，推动联合防空体系的早日投入实战。在参联会的指导下，陆军主导建立了一个"单一合成空中画面"系统，综合集成了所有军种的探测和跟踪数据。

陆军正在进行的另一种防空计划是联合对陆攻击巡航导弹防御高架联网传感器系统（JLENS）。该系统是一种系留式系统，载有监视和火控雷达，能跟踪低空飞机。在15 000 ft（1 ft＝0.304 8 m）高的空中，它的探测距离约为300 km，能滞空30d，并且它的费用较低，生存能力较高。它可与海军的协同作战能力系统（CEC）、空军的联合战术信息分发系统相连接，实现跨军种共享侦察数据。

最近的几年中，陆军从其他军种引入防空作战概念和技术。它不仅更依赖空军进行战区防空，而且计划采用空军的阿姆拉姆导弹的地面发射型作为下一代的防空武器。陆军大多数相关的武器系统如爱国者-3和联合对地攻击巡航导弹防御空中网络传感器系统主要用来保护前沿部署的部队，但是系统的通用性和机动性使其更适用于本土防御。决策者正在考虑用陆军爱国者-3导弹补充或取代海军标准防空导弹的提议，这样既可减少费用，又可提高防御巡航导弹的协同能力。

第四节 巡航导弹航迹规划动态几何算法优化研究

一、航迹规划数学模型及其优化

巡航导弹航迹规划的最终目标是求解一个多目标、多层次、多约束的复杂全局优化问题，所以研究的起步点是分析设计其数学模型、约束条件及其代价函数，并重点寻求解决问题的搜索算法。

巡航导弹航迹规划是指以规划区域的地理信息、敌我双方的位置坐标和运动情况、敌方的防空火力分布、气象情报、武器性能等方面的信息作为约束条件，寻找从发射点到目标点，满足使其代价函数最优的飞行航迹关键点的地理坐标。也即

$$\left. \begin{aligned} &\text{Min } J = f(r(t)) \\ &\text{s. t.} \\ &C_i(r(t)) = 0, \ (i=1, 2, \cdots, m') \\ &C_i(r(t)) \geqslant 0, \ (m'+1, \ m'+2, \cdots, m) \end{aligned} \right\} \quad (4.1)$$

式中：J 称为航迹规划的优化指标函数，而约束条件包含等式约束和不等式约束；$r(t)$ 表示航迹，它是空间中一条以时间 t 为变量的三维连续曲线。

实际上，在计算机数字信息化领域，一条连续的航迹曲线，经过固定步长的离散化处理之后，且由于地形分布的相对稀释，航迹上的转弯点也相对较少，为节省存储空间和缩短运算时间，这条航迹连续曲线就变为一组三维航迹关键点序列。也即

$$r = [(x_1, y_1, z_1), (x_2, y_2, z_2), \ldots, (x_n, y_n, z_n)] \quad (4.2)$$

式中：n 为航迹关键点的个数。

由于巡航导弹多数时间飞行在一个等高平面内，二维问题的求解又远比三维问题简单，只需在爬升／俯冲时段增加高度变量即可。于是有

$$r = [(x_1, y_1), (x_2, y_2), \ldots, (x_n, y_n)] \quad (4.3)$$

式中：n 为二维航迹关键点的个数。

巡航导弹航迹规划算法优劣的判据是：其航迹代价函数的计算应主要考虑三个方面：飞行距离尽量短，飞行高度尽量低，离开威胁尽量远。总之，飞行时间尽量短。

航迹规划的约束条件设定：为了成功完成特定的飞行任务，要求规划的航迹绕过威胁区，不超过巡航导弹的物理极限，按有效的方向角飞向目标，飞行路径短、燃料消耗不超限，同时满足由具体飞行任务所确定的其他有关参数。

一般来说，航迹规划生成的航迹要求满足以下约束条件。

1. 地形约束

地理信息是导弹航迹规划所需要的最基本信息。为确保导弹导弹在飞行过程中不与地面发生碰撞，必须掌握所规划区域内的地理信息，其准确性和精确度直接决定了航迹规划结果的可靠性。地理信息是一种静态数据，一般从数字地图数据库中获得。

此外，数字地图技术分为栅格数字地图和矢量数字地图两类，它们描述地理信息时所采用的数据格式也分为栅格和矢量，这会在很大程度上影响航迹规划程序的性能，因此应该为不同目的的航迹规划系统准备专用的地理数据格式。

地形约束是航迹规划系统必须满足的约束。地形规避必须满足，否则导弹一

定会撞毁在地。图 4.8 所示为低空突防示意图。

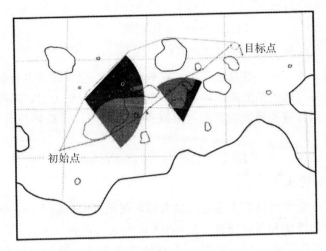

图 4.8　低空突防示意图

2. 威胁约束

从发射点到目标点之间按航迹点把巡航导弹的飞行航迹分作 n 段,记为 $\{a_i\}$,$i=1,2,\cdots,n$。基本变量为航迹的平面坐标:(x_i,y_i),$i=1,2,\cdots,n+1$。

F_{Ti} 为第 i 段航迹的威胁指数,它使得航迹选择通过威胁最小的区域,具体计算如下:

$$F_{Ti} = \sum_{j=1}^{N} \frac{K_j}{(R_{Sj})^4} \tag{4.4}$$

式中:K_j 反映第 j 个威胁的强度;R_{Sj} 为巡航导弹与威胁源之间的距离;N 是第 i 段航迹上出现威胁的个数。雷达可见高度受地球曲率的影响如图 4.9 所示。

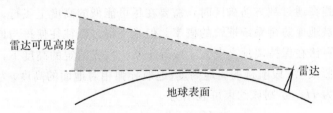

图 4.9　雷达可见高度受地球曲率的影响

3. 最大(总)航迹长度约束

它取决于巡航导弹所携带的燃料以及到达目标所允许的飞行时间。它限制了航迹的总长度必须小于或等于一个预先设置的最大距离。设航迹段长度为 L_i 和

最大航迹长度为 L_{max}，则该约束可写为

$$\sum_{i=1}^{n} L_i \leqslant L_{max} \quad (4.5)$$

4. 最小航迹段长度

为使巡航导弹安全、准确地飞行，在机动前后，也即改变飞行航线进行拐弯前后都必须保持直飞的最短距离，称这个距离为最小步长 L_{min}。远距离巡航导弹通常不希望迂回行进和频繁的转弯，以减少导航误差。设航迹段长度为 L_i，该约束可表示为

$$L_i \geqslant L_{min} \quad (i = 2, \cdots, n) \quad (4.6)$$

5. 最大转弯角

它限制了巡航导弹只能在预定的最大转弯角范围内机动飞行。该约束条件取决于巡航导弹的性能和飞行任务。记 $a_i = (x_i - x_{i-1}, y_i - y_{i-1})^T$，这里 x_i、y_i 为第 i 个航迹点的平面坐标，设最大允许转弯角为 θ，则最大转弯角约束可表示为

$$\frac{a_i^T a_{i+1}}{|a_i||a_{i+1}|} \geqslant \cos\theta \quad (i = 2, \cdots, n-1) \quad (4.7)$$

式中，$|\boldsymbol{\alpha}|$ 为向量 $\boldsymbol{\alpha}$ 的长度。

6. 最大爬升/俯冲角

该角度是由巡航导弹自身的机动性能决定的，它限制了结果航迹在垂直平面内上升和下滑的最大角度。假定最大允许爬升/俯冲角为 β，该约束可表示为

$$\frac{|z_i - z_{i-1}|}{|a_i|} \leqslant \tan\beta \quad (i = 2, \cdots, n) \quad (4.8)$$

式中，z_i 为第 $i+1$ 个航迹点的高度坐标。

7. 最低飞行高度

巡航导弹在通过敌方防御区时，需要在尽可能低的高度上飞行，以减少被探测器发现或被地面防御系统摧毁的概率。但是飞得过低往往使得与地面相撞的概率增加。本算法在保持离地高度大于或等于某一预先给定的高度下，使飞行高度尽量的低。假设第 i 段航迹的离地高度（巡航导弹相对地面的高度）为 h_i，最低飞行高度限制为 H_{min}，则该约束可表示为

$$h_i \geqslant H_{min} \quad (i = 1, \cdots, n) \quad (4.9)$$

8. 最高/最低飞行速度约束

在某段飞行航迹上，巡航导弹的飞行速度只能保持在某个有限区间内，它取决于巡航导弹的动力系统，也与特定环境、空间位置和任务有关。记巡航导弹的飞行速度为 v，最低飞行速度为 v_{min}，最高飞行速度为 v_{max}，则该约束可以表

示为

$$v_{\min} \leqslant v \leqslant v_{\max} \tag{4.10}$$

9. 有效的目标进入方向

限制巡航导弹从某一预先确定的角度接近目标，以保证巡航导弹从目标最脆弱的方位对其进行有效攻击，在代价函数中增加一项表达式 QR 以尽量减少进入角度偏离原定角度的航迹，其中 Q 为加权系数，R 为按进入方向所划分的角度范围。Q 可在 0.618，0.382 中选取。约束条件为

$$R \leqslant R_0 \tag{4.11}$$

10. 巡航导弹间无碰撞约束

在考察航迹 γ_i 时，假设巡航导弹在飞行过程中沿 γ_i 飞行时与其他巡航导弹的距离为 d_i，则要求

$$d_i \geqslant d_s \tag{4.12}$$

式中，d_s 为巡航导弹间最小安全飞行距离。

这些众多的约束条件之间存在强耦合关系，改变其中一个通常会引起其他因素的变化，因此航迹规划中要设法协调这些约束因素。明确这些因素在任务航迹规划中的作用及影响，对建立优良的航迹规划数学模型具有重要意义。

如前所述，把巡航导弹航迹规划问题定义为，在某个规划空间中，为巡航导弹规划出从起始点到目标点的飞行航迹 γ，使得在满足所有约束条件 $\{g(\gamma)=0\}$ 的前提下，使代价函数 J 达到最小，有数学模型：

$$\left. \begin{array}{l} \mathrm{Min}\{J(\gamma) = \sum_{i=1}^{n}(q_1 F_{Ti} + q_2 T_i^2 + w_1 C_i^2 + w_2 S_i^2 + r_1 L_i^2 + r_2 h_i^2 + r_3 t_i^2 + r_4 f_{Ti}) + QR\} \\ \mathrm{s.\ t.}\ \ \{g_i(\gamma) = 0\} \end{array} \right\} \tag{4.13}$$

对式 (4.13) 的求解，第一，多变量强耦合优化问题的巡航导弹航迹规划的复杂性使 SAS 搜索算法容易陷入局部最优而难以找到全局最优，使动态几何规划局部规避算法容易陷入维数爆炸而难以完成。第二，上述航迹规划模型中各个环节肯定存在着测量定位误差。第三，航迹规划的代价函数通常由多目标、多层次、多约束加权综合，即使经过优化，其权值也并不一定精准。因此，利用分段规划方法得到的航迹一般不一定是全局最优航迹。但在实际应用中，能够将代价值降低到令人满意的水平即是可行的。

二、算法的基本流程

动态规划实际上是一种宽度优先算法的递归形式，动态规划算法流程如图 4.10 所示。它将规划问题视为一个多级决策问题，然后将之转换为一系列简单

的、易于求解的多个单级决策问题来处理。当每个单级决策问题得到解决，这个多级决策问题也得到了解决。其理论基础是贝尔曼（Bellman）最优性原理。它应用的一个前提条件即所谓的过程无后效性，也就是说，对于当前状态，前一个状态与决策的选择仅仅表现为它们将状态转移到了当前状态，并随之确定了可供选择的决策集合，至于当前状态到下一个状态的决策选择，以及后续过程将如何进行，与它们无关。

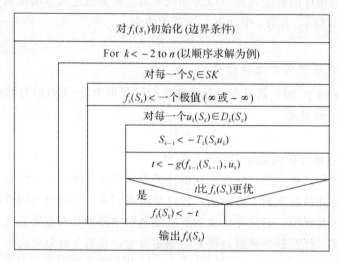

图 4.10　动态规划算法流程图

动态规划的设计都有着一定的模式，一般要经历以下几个步骤：

（1）划分阶段：按照问题的时间或空间特征，把问题分为若干个阶段。在划分阶段时，注意划分后的阶段一定要是有序的或者是可排序的，否则问题就无法求解。

（2）确定状态和状态变量：将问题发展到各个阶段时所处的各种客观情况用不同的状态表示出来。当然，状态的选择要满足无后效性。

（3）确定决策并写出状态转移方程：因为决策和状态转移有着天然的联系，状态转移就是根据上一阶段的状态和决策来导出本阶段的状态。所以如果确定了决策，状态转移方程也就可以写出。但实施常常是反过来做，根据相邻两段各状态之间的关系来确定决策。

（4）寻找边界条件：给出的状态转移方程是一个递推式，需要一个递推的终止条件或边界条件。

（5）程序设计实现：动态规划的主要难点在于理论上的设计，一旦设计完成，实现部分就会非常简单。

动态规划之所以具有高实效，是因为它在将问题规模不断减小的同时，有效地把解记录下来，从而避免了反复解同一个子问题的现象，因而只要运用得当，较之搜索而言，效率就会有很大的提高。从理论上讲，对于规模为 n 的问题，搜索算法的时间复杂度为 $O(n!)$，"动态规划"算法的时间复杂度是 $O(n^2)$。这两个时间根本不是一个数量级的，因而，对于能够使用动态规划思想来解决的问题，使用动态规划是比较明智的选择。

一般来说在有了基本的思想后，应用动态规划解决问题算法是比较好的考虑。但有时也会遇到一些问题，而使算法难以实现。动态规划思想设计的算法从整体上来说基本都是按照得出的递推关系式进行递推，这种递推相对于计算机来说，只要设计得当，效率往往是比较高的，这样在时间上溢出的可能性不大，而相反地，动态规划需要很大的空间以存储中间产生的结果，这样可以使包含同一个子问题的所有问题共用一个子问题解，从而体现动态规划的优越性，但这是以牺牲空间为代价的，为了有效地访问已有结果，数据也不易压缩存储，因而空间矛盾是比较突出的。

对巡航导弹、反辐射导弹（无人机或反辐射无人机）进行航迹规划最常用的是动态几何规划算法。此算法可以保证获得全局最优解，而根本不会像SAS算法那样容易陷入局部最优。但若规划区域内的地形和威胁分布非常复杂，它也存在着维数爆炸的弊端。

无论是导弹的控制、导航系统还是数字地图本身，都会存在一定的误差。在进行航迹规划时，必须把这3方面的误差考虑进去，否则规划出的可行航迹在实际中有可能是一条穿越地形障碍或禁危区的航迹。

在进行航迹规划之前，通过对地形障碍或禁危区数据进行预处理的方式，将对可能出现的误差进行回避，从而确保规划得到的航迹的实际可行性。

航迹规划程序首先根据导弹的飞行高度从地理信息数据库中读取规划时可能用到的等高线数据。例如，某导弹的飞行高度为50 m，则可以认为高度低于50 m的地形对导弹的飞行没有影响，因此可以仅从地理信息数据库中读取50 m等高线的数据，从而减少了大量的规划数据，对提高规划速度有显著作用。

根据规划对象的不同，计算其在规划范围内可能出现的最大误差 ε_T，并将所读取的等高线数据按照该最大误差进行扩张处理；利用动态几何规划方法在处理后的地形数据中进行规划；最终输出的规划航迹与任意原有等高线之间至少保持 ε_T 的最近距离，从而回避了误差的影响。

三、基本算法

动态几何规划算法的原理是在航迹进行分段的基础上，根据导弹飞行航线与当前地形或禁危区的几何坐标关系，生成包含所有可能路径的规避树，然后通过航迹优化指标计算得到全局最优航迹。

巡航导弹的航迹规划一般划分为 3 个阶段：起始段、低空突防段和搜索攻击段，如图 4.11 所示。

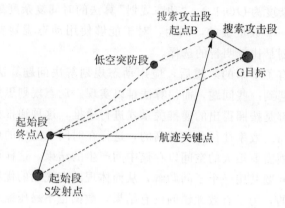

图 4.11 航迹阶段的划分

起始段是导弹发射后的姿态调整阶段。由于该阶段导弹的各种状态尚不稳定，因此进行规划的意义不大，只需要沿初始发射方向计算出导弹起始段终点。

由于导弹发射之后的姿态、航向都存在较大的偏差，因此，需要一定的时间来调整飞行的姿态和航向，在这段时间内无法插入航迹点。

按照导弹的性能参数，可以得知导弹进入预定飞行状态需要的时间和飞行的距离。于是，就可以以导弹的发射方向作为初始方向，将初始段的调整距离作为航迹段长度，根据 Bowring 公式及当前导弹发射载体平台所在的位置，可以直接计算出第一个航迹关键点的坐标位置。

搜索攻击段是导弹自身雷达开机搜索至命中目标的阶段。由于该阶段导弹的实际航迹与搜索到的目标位置和导弹的末制导规律有关，因此该段规划只需要按照给定的攻击方向计算出理论上的目标位置，以及弹上雷达的开机位置和时间。

在搜索攻击段中，为保证导弹的末制导系统从方向上发现和识别目标，导弹的搜索扇面以搜索轴为基准向左、右各扫一个扇面角 α，α 角一般在 $10°\sim 45°$ 之间。

导弹的自导飞行轨迹按照导弹制导控制系统给定的导引规律变化，通常不受预先航迹规划的影响，当导弹飞行弹道发生偏差时，末制导系统将从它所探测的目标相对于导弹位置和视线方向的变化中解算出自导控制信号以修正导弹飞行轨迹。因此，在对搜索攻击段进行规划时，应使该段长度大于或等于导弹的自导距离 r_{zd}，以此来满足弹上雷达对目标区进行搜索的需要。

四、低空突防段的规划

从起始段结束点到搜索攻击段开始点之间的导弹航迹，这是导弹航迹规划的主要工作阶段。

动态几何规划算法的原理是在对航迹进行分段的基础上,根据飞行器飞行航迹与当前地形或禁危区的几何坐标关系,生成包含所有可能路径的规避树,然后通过航迹优化指标计算得到全局最优航迹。

动态几何规划算法的代价函数形式为

$$f(x)=ag(x)+bh(x)$$

式中：$g(x)$ 表示从起始位置到当前位置 x 的真实代价；$h(x)$ 表示从当前位置到目标点的预计代价；a 和 b 代表对真实代价和预计代价的加权,一般取值为 1。算法的每一步扩展都将选择最小的 $f(x)$ 的节点插入可能的路径链表中。可以证明,只要从 x 到目标点的真实代价总大于或者等于预计代价,算法就必能找到一条最优的路径。

规避树的生成是通过递归调用一系列局部规避算法来实现的。每一次调用局部规避算法都是为了完成对某一个地形遮挡的规避。图 4.12 中,点 S 和 T 分别表示此次局部规避的起始点和目标点。点 A 表示从点 S 出发沿某一侧取得的地形边线的切点。点 B 是 SA 延长线上满足既垂直于 ST 又与地形边线相切的点。与地形边线相切的第三条切线是 TD。Min 和 Max 分别表示沿切线方向计算航迹点时所允许的最小和最大延伸距离。Min 即切线 TD 在 SB 上的交点到 A 点的距离,而 Max 按导弹的性能来确定,即速度和射程大小。把 TD 在 SB 上的交点定为点 M。在选取航迹点时,沿切线 SB 方向采用 0.618 法逐次取点进行试探,而 B 为试探的起点。

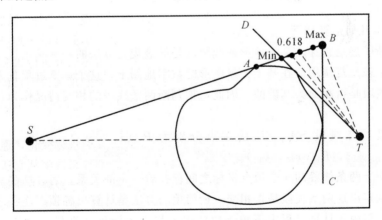

图 4.12　0.618 法的局部规避算法

算法流程如图 4.13 所示。

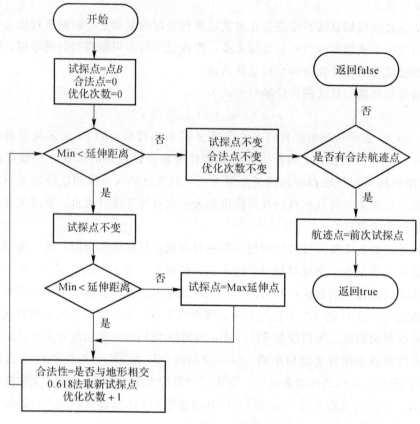

图 4.13　0.618 法局部规避算法流程图

基本几何运算如下。

判断航迹是否穿越某一地形或威胁区是航迹规划算法的一项基本运算，在整个算法中被反复调用。在基于矢量图形的数字地图上，这个运算过程首先是以判断两条线段是否相交为基础的。因此，把判断两条线段的相交情况作为首要解决的问题。

假设两条线段 SA，SB 的端点分别为 $P_{a1}(x_{a1}, y_{a1})$，$P_{a2}(x_{a2}, y_{a2})$ 和 $P_{b1}(x_{b1}, y_{b1})$，$P_{b2}(x_{b2}, y_{b2})$。

平面上两条线段的 4 个顶点坐标之间存在着一定的关系，通过这些坐标关系就能够确定出这两条线段是否相交。最简单的方法是计算出各顶点连线之间的角度关系，但由于计算过程中三角函数的引入将大大增加计算量，消耗大量的时间，因此并不要求计算出各线段的倾斜角，而是通过各点的坐标比例关系，即按斜率来计算两条线段是否相交，如图 4.14 和图 4.15 所示。

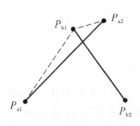
图 4.14　两条线段相交

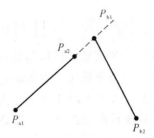
图 4.15　两条线段不相交

在两条线段的 4 个顶点中任取一个，都能够与其他 3 个端点形成 3 条连线，从而可以得到 3 个斜率。为了计算的方便，可以取横坐标较小的端点作为 P_{a1}，而将其另一个端点记作 P_{a2}。两条线段是相交的，当且仅当斜率 $P_{a1}P_{a2}$（以 K_{a1} 表示）界于斜率 $P_{a1}P_{b1}$（以 K_{a2} 表示）与斜率 $P_{a1}P_{b2}$（以 K_{a3} 表示）之间，并且斜率 $P_{b1}P_{b2}$（以 K_{b1} 表示）界于斜率 $P_{b1}P_{a1}$（以 K_{b2} 表示）与 $P_{b1}P_{a2}$（以 K_{b3} 表示）之间，即 4 个点的坐标应满足如下关系：

$$\left.\begin{aligned}\frac{y_{b2}-y_{a1}}{x_{b2}-x_{a1}} < \frac{y_{a2}-y_{a1}}{x_{a2}-x_{a1}} < \frac{y_{b1}-y_{a1}}{x_{b1}-x_{a1}} \\ \frac{y_{a1}-y_{b1}}{x_{a1}-x_{b1}} < \frac{y_{b2}-y_{b1}}{x_{b2}-x_{b1}} < \frac{y_{a2}-y_{b1}}{x_{a2}-x_{b1}}\end{aligned}\right\} \quad (4.14)$$

式(4.14)虽然关系明确且便于编程，但除法运算的引入增加了大量的运算时间，因此将其拆分为 4 个乘法公式：

$$\left.\begin{aligned}(y_{b2}-y_{a1})(x_{a2}-x_{a1}) < (y_{a2}-y_{a1})(x_{b2}-x_{a1}) \\ (y_{a2}-y_{a1})(x_{b1}-x_{a1}) < (y_{b1}-y_{a1})(x_{a2}-x_{a1}) \\ (y_{a1}-y_{b1})(x_{b2}-x_{b1}) < (y_{b2}-y_{b1})(x_{a1}-x_{b1}) \\ (y_{a1}-y_{b1})(x_{a2}-x_{b1}) < (y_{a2}-y_{b1})(x_{b2}-x_{b1})\end{aligned}\right\} \quad (4.15)$$

两条线段的顶点坐标满足式(4.15)关系的，即可判定为相交。

判断某一区域是否与给定线段相交的过程其实就是判断该区域多边形中每一条边与给定线段是否相交，如果有任何一条边的相交判断为真，则立即停止运算，并判定线段与该区域相交，否则判定为不相交。

定义如下函数来表示航迹与威胁区的相交情况：

$$\mathrm{Cross}(T,R)=\begin{cases}1, & (T 与 R 相交) \\ 0, & (T 与 R 不相交)\end{cases}$$

式中：T 表示任意一个地形约束区域或威胁约束区域；R 表示任意二个航迹关键点之间的直线航迹段。要使整条航迹满足所有的地形约束和威胁约束，就必须满足如下等式约束：

$$\prod_{j=1}^{N}\prod_{i=1}^{M}\text{Cross}(T_i,R,j)=0$$

式中：M——所有威胁区域的数目；

N——整条航迹上直线航迹段的数目。

事实上，由于上面4个乘法式子(式(4.15))是不等式形式，因此式(4.13)并不能直观地看作等式约束，而是许多组4个乘法式子这样的不等式方程组的联立。

总之，对巡航导弹航迹代价的计算应主要考虑三个方面：飞行距离尽量短，高度尽量低，离威胁尽量远。

五、三维高程算法的优化

(一) 三维高程算法

在进行高程节点扩展时，节点扩展的状态转移往往不只是单纯地在水平方向和垂直方向上进行，而经常是既有水平方向的状态转移又有垂直方向的状态转移。这种情况下，通常的做法是先计算水平面内或垂直面内的节点扩展方程，然后通过旋转得到其他节点的扩展方程。

1. 总体规划流程

从总体上分类，巡航导弹航迹规划问题，也即在遇到地形障碍或禁危区时系统能够自动做出选择，要么以水平最优航迹绕飞，要么从威胁的头顶飞越过去，二者必选其一。

而从地形障碍的顶端飞越过去则必须依靠一定的高程规划规则。进行高程规划的前提是必先进行水平规划，这是因为高程规划程序需要基点的位置坐标以确定导弹的飞行方向，以及生成地形的纵剖面轮廓线。

为了能够反映某一区域的地形情况，高程规划程序需要读取该区域内的所有等高线数据，然后沿飞行方向读取高程数据，并计算最大坡度等参数。高程规划的规则制定一般包括3个阶段：爬升阶段、过顶阶段和下滑阶段。

2. 跃升区间

跃升区间是指在导弹飞行方向上地形障碍的高度和长度所确定的位于竖直面上的矩形空间。计算导弹的跃升区间首先需要获得地形障碍的高程轮廓线。生成轮廓线的方法是：由 A 点起始，沿 AB 方向读取各点的高程插值，组成一个轮廓曲线的顶点坐标数组。

跃升区间的描述参数包括高度、起始点、结束点，即

$$R_{\text{jump}}=\{h,x_0,y_0,x_1,y_1\}$$

式中：h 表示跃升高度，取值为轮廓曲线的高程最大值，并留有一定的误差余量；(x,y)，(x,y) 分别表示跃升区间的水平起始点和结束点坐标。跃升距离为这两点之间的水平距离，即

$$D_{jump} = D\{x_0, y_0, x_1, y_1\}$$

3. 跃起点计算的 0.618 级数法则

在三维航迹规划中，导弹从接受跃起指令到能够稳定地保持跃起高度的飞行，需要一个过渡过程，如图 4.16 所示。跃起点是指导弹接受跃起指令的时刻所处的位置坐标。

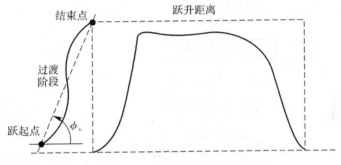

图 4.16　跃起点、跃升距离示意图

巡航导弹在跃起过渡过程中所爬升的最大高度与所飞行的水平距离的比值能够确定一个爬升角度 ϕ_u，称为跃升最大爬升角。跃起点计算的任务是计算导弹接受跃起指令的位置坐标。首先用导弹最大爬升角 β 来限制其跃升最大爬升角，只要条件允许，都可采用"$\beta \times 0.618$"作为其跃升最大爬升角 ϕ_u；若地形条件相对狭窄，要求加速跃升，则可分别采用(式 4.16)级数的前两项、级数的前三项、……作为不同的加速跃升等级进行跃升。并称之为跃起点计算的 0.618 级数法则。

$$\phi_u = \beta \times 0.618(1 + 0.382 + 0.382^2 + \cdots + 0.382^n) \quad (4.16)$$

由此，定义跃升区间起点为

$$S_{jump} = (x_0, y_0, h)$$

式中：h 表示跃升高度，取值为轮廓曲线的高程最大值，并留有一定的误差余量；(x_0, y_0) 表示跃升区间的水平起始点坐标。

在进行高程规划的过程中，可能会遇到相邻的两个地形威胁相距较近的情形，这时，若对两个地形威胁进行完全独立的规避，就有可能使导弹陷入 V 形谷而使导弹撞地。

为了避免这种情况的发生，应该在考虑导弹跃升区间及其过渡过程的前提下，设置导弹进行两次独立高程规划必需的最小间隔距离 D_{min}。也即若第一次独

立高程规划的终点与第二次独立高程规划的跃起点之间的距离大于或等于 D_{min}，则可以进行两次独立的规划，作为对这两个相邻地形威胁的高程规划的结果，流程如图 4.17 所示。

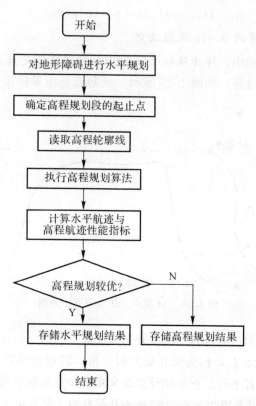

图 4.17 引入高程规划后的总体规避流程

在高程规划完成后，在 A，B 两点之间就得到了水平和高程几条可行航迹。根据预定的航迹评价指标，对几条航迹的优劣进行评价，以决定选择哪条航迹作为最终的规划结果，一般选飞行时间最短的那条航迹。

六、0.618 法优化效率讨论

0.618 法的优化效率问题，可按问题的时间复杂度作为评判依据，即所规划的问题时间复杂度越高优化效率越高。

理论上，依照计算复杂性理论来研究问题求解的难易程度，可以把问题分为多项式类（Polynomial，P）、非多项式类（No-Polynomial，NP）、非多项式-完全类（NP-Complete，NP-C）和非多项式-困难类（NP-Hard，NP-H）4类。随着导弹性能的不断提高，目前已经无法找到求得最优解的多项式时间复杂度算法。目前的巡航导弹航迹规划问题基本上属于 NP-C 或 NP-H 问题。用传统的确定性优化算法求 NP-C 或 NP-H 问题的最优解，所需要的计算时间与问题的规模之间成指数关系。对于大规模问题，由于计算时间的限制，往往难以得到问题的最优解。而用近似方法求解得到的近似解质量较差。此外，传统优化方法常常基于某些理想化的假设，远远不能充分反映实际问题的复杂性和动态性，所以用传统优化方法来求解复杂的巡航导弹航迹规划问题也是不现实的。

在传统 SAS 算法中，待扩展节点的数目与节点扩展次数之间是指数关系。当在理想航迹上出现大面积遮挡时，搜索算法很可能在遮挡物面前进行大量反复的搜索，即陷入局部最优。虽然从理论上讲算法最终是能够摆脱局部最优的，但这种现象严重时可能将系统资源耗尽而无法完成航迹规划的任务。

动态几何规划算法在最坏的情况下，假设得到的每一条候选航迹都需要规避所有的威胁区。对二维水平规划中的 $\log_2^M$ 个威胁区，以左、右两条航迹绕过威胁区计算，可能产生 M 条候选航迹，每条航迹平均包含 $\log_2^M$ 个航迹点（初始点除外），这样共有 $M\log_2^M$ 个航迹段。假设所有的威胁的顶点总数目为 n，且判断两条线段是否相交的时间消耗为一个单位时间，则动态几何规划算法的时间复杂度为 $O(nM \cdot \log_2^M)$。动态几何规划算法能够保证获得全局最优解，但从时间复杂度的分析来看，它又有维数爆炸的特性。

由此推断，0.618 优化算法肯定具有十分美好的前景，无论是针对动态几何规划算法，还是针对 SAS 搜索算法。

第五章 无人机防御

第一节 未来无人化战场的主角——无人机

一、无人机的发展现状

无人驾驶飞机（Unmanned Aerial Vehide，UAV）是一种有动力、可控制、能携带多种任务设备、执行多种任务、可重复使用的无人驾驶航空器，是一种由无线电遥控设备控制或由预编程序操纵的非载人飞行器，简称无人机。

1917年英国首先研制成功无人机。1930—1940年UAV主要作为空战训练的无人靶机。1950—1960年UAV开始投入实战，主要作为无人侦察机、诱饵机和电子干扰机。1982年无人机在以色列-叙利亚的贝卡山谷之战中发挥了出色的作用，使UAV的研发逐步升温。1990年代中期，无人战斗机（UCAV）和长航时无人侦察机的研究风起云涌，使无人机系统（Unmanned Aerial Vehicle System：UAVS，即无人机及与其配套的控制站、起飞（发射）回收装置以及运输、存储和检测装置等的统称）成为世界航空科技领域的热点之一。

无人机是当今世界发展最为迅速的武器和军事技术之一。目前它已进入其真正的繁荣期，这是由一系列因素决定的：

（1）使用无人机没有人员伤亡的困扰；
（2）与有人驾驶飞机相比，无人机研制成本低；
（3）无人机使用费用低，无须基础设施，对起降场地基本无要求；
（4）侦察信息的获取、转发、保存、加工装置和方法在迅猛发展。

2008年6月初发生的一件事成了航空史上灿烂的瞬间，它的长远意义在于改变未来战场的空地攻击模式。6月初，英国皇家空军的两名飞行员指挥一架无人侦察/攻击机成功狙杀了阿富汗南部一名塔利班头目。当时，这两名飞行员远在万里（7 000 ml，1 ml≈1.61 km）之外的美国拉斯维加斯一处空军基地，他们通过遥控"收割者"无人机，实现了超远程精确打击。其间，这架"收割者"无人机通过上行数据链传回了其在阿富汗南部地区的侦察图片，飞行员获得图片后进行了筛选，确定目标后通过卫星传送数据命令，无人机从卫星获得命令之后成功发动了攻击。这是自无人机应用于战场以来第一次实现成功的远程精确打击。它标志着无人机的战场功能真正实现了多样化，从战场侦察、监测、通信等辅助功能走向作战，这将开启一段新的历史。

当前，美国空军已开始做研制"第六代"战斗机（美军2005年12月服役的F/A-22A是目前唯一投入现役的第四代战斗机）的各种准备工作，"第六代"战斗机的一种可能的选择是无人作战飞机（Unmanned Combat Aerial Vehicle，UCAV）。这种无人驾驶飞行器（Unmanned Aerial Vehicle，UAV）将采用特殊层压材料制造，以提高其隐形性能。

从理论上说，20年后无人作战飞机也许能拥有像战斗机飞行员一样好的某种视觉传感器系统。法国《回声报》2007年9月18日报道，美国国防部高级研究计划局目前提出"空中航空母舰"概念，这种"空中航空母舰"就是一群无人驾驶飞机，这些无人机将用轻质合金材料制造，其动力将依靠氢燃料发动机，并装备带太阳能电池板的细长机翼，这种飞机将可以在空中连续待上60个月而无须着陆，其飞行高度可达20 km。还有一种观点认为，22世纪的战场将是无人化战场，现在的真人部队将被"机器人战士"代替。这些研制计划和观点体现了当前世界各国对无人机军事价值的高度关注。不论它们的准确性如何，有一点总是可以肯定的：在可预见未来的空天作战，将是无人飞机和有人飞机等在信息化和网络化系统支持下的不同形式的大规模联合作战。

1964年8月20日，在经过一系列复杂的试验之后，美军终于同意将"萤火虫"147B高空无人侦察机由"大力神"运输机挂载投入实战，而其首选目标就是对中国大陆进行战略侦察。21世纪初，美军的战略重心移向亚太，以美、日、菲等国为核心的"亚太小北约"正在形成，其目标之一就是防范和平崛起的中国。2005年9月美空军12架全球鹰战略无人侦察机开始部署关岛，使其对华战略侦察的精度提升了7倍。图5.1所示为美军"全球鹰"无人机，图5.2所示为中国翔龙战略侦察无人机。

图5.1　美军"全球鹰"无人机

图5.2　中国翔龙战略侦察无人机

鉴于独有的低成本、低损耗、零伤亡、可重复使用和高机动等优势，其使用范围已拓宽到军事、民用和科学研究三大领域。在军事上可用于侦察、监视、通信中继、电子对抗、火力制导、毁伤评估、骚扰、诱惑、对地对海攻击、目标模拟和早期预警等；民用方面，可用于大地测量、气象观测、城市环境检测、地球资源勘探和森林防火等；在科学研究上，可用于大气研究、核生化污染区的取样与监控、新技术新设备和新飞行器的试验验证等。

美国是研发大国，其次是以色列、俄罗斯、中国、德国、法国、英国、意大利、瑞士等国。根据预测，到2020年之前，航空侦察机中90%为无人机，而总数中30%为无人作战飞机。美国空军未来将依靠，使它占飞机总数的比例将不少于50%。表5.1所示为美国无人作战飞机系统发展与使用验证计划。

表5.1 美国无人作战飞机系统发展与使用验证计划

时期 空军作战能力	近期 （1996—2005年）	中期 （2005—2015年）	远期 （2015—2025年）
保持核及常规威慑力量		战略打击	
		空间管理	
投入远程、可持久的杀伤战斗力量	固定目标攻击		
	基地防御		
		压制敌防空系统	
		战区/巡航导弹防御	
		活动目标攻击	
		特种作战	
		区域压制/禁飞区	
		消毒和投洒脱叶剂	
		空-空作战	
			反大规模杀伤性武器
			战斗搜索与支援
			跨战区统一作战
支持快速全球机动性		加油机	
			运输
提供全球预警	情报、监视、侦察		
		人道主义援助	
控制信息频谱	无人机通信节点		
	干扰		
		信息战	
		GPS增强	

续表

空军作战能力 \ 时期	近期 （1996—2005 年）	中期 （2005—2015 年）	远期 （2015—2025 年）
设想	补充有人机； 现有平台、任务系统和武器； 使用战术无人机	新无人机平台； 新任务系统和武器； 新无人机 C^2 系统	自主的或互补的能力； 鲁棒的 C^3 系统； 先进平台、任务系统和武器

随着微电子、信息技术、网络技术、计算机、生物和纳米等一系列高新技术的发展成熟，适应网络中心战要求的长航时无人机除精确探测能力之外，无人机空中加油技术、无人机自动起飞/着舰技术、无人机编队数据链技术、战斗和微型及其网络集群联合作战指挥所系统的研发肯定会取得巨大的发展。

无人化战争将是继信息化战争形态之后的未来战争形态，无人机及其指挥信息系统将责无旁贷地发展成为无人化战争的领头雁和主力军。无论哪个国家，只要不想在未来的天空中被淘汰，都应该正视它，因为它已奏响了下一场革命的序曲。

二、无人机的分类

按高度-航程分，无人机可分为①超高端无人机系列，②高端无人机系列，③中端无人机系列，④低端无人机系列，⑤微型无人机系列等，如图 5.3 所示。

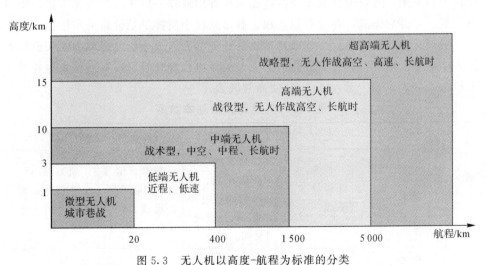

图 5.3 无人机以高度-航程为标准的分类

按其构造分，无人机可分为①螺旋桨固定翼无人机，②涡轮喷气固定翼无人机，③旋转翼无人机等。

按军事用途分，无人机可分为①靶机，②侦察机，③诱饵机，④电子对抗机，⑤战斗机等。

无人战斗机是指能够执行空战或对地攻击的无人机。与有人战斗机相比，无人战斗机具有以下优势：①因机上无驾驶员，它可比有人战斗机造得尺寸更小，隐蔽性更好；②它不受驾驶员生理条件的限制，而具有较大的性能包线，较长的续航时间；③制造成本及寿命期费用低，维护人员少。

研制无人战斗机存在的主要技术难点：①自主作战能力差，缺乏有人飞机所具有的灵活性和适应能力；②由于指控人员对所处环境的了解必须借助远距离通信，而这种远距离指挥控制通信又容易被压制而中断，从而造成人机之间无法及时、准确地交流信息，影响了战斗完成任务的有效性。但随着战场实时信息网和人工智能技术的发展，这些技术难点必将得到解决。

三、无人机的军事应用

无人机的用途多种多样，并且越来越广。在军事上，无人机不仅可作靶机，还可用作情报、侦察、监视、空中预警、通信中继、反潜、电子干扰、全方位攻击和导弹拦截，并朝着一机多能的方向发展。

在现代高技术条件下的陆、海、空、天、电五维一体的战争中，无人机已成为C^4ISR网络中承担CISR功能的重要空中平台，既能执行各种非杀伤性任务，又能执行各种软、硬杀伤任务，还能代替人员在核生化或其他特殊条件下执行作战任务。未来，与对地、对海攻击武器和反导弹武器一体化的隐身无人机，将与有人机一起并肩作战，在抢夺制空权、制信息权中发挥举足轻重的作用。

最近几年，能够执行空战或对地攻击任务的无人战斗机已经成为无人机技术发展中的一个热点，具有实战能力的无人战斗机已经开始服役，表5.2为各类无人机数据，表5.3为无人机任务/使命领域表。

表 5.2 各类无人机基本数据

	近距离型	短距离型	中距离型	高空长航时型
用途	侦察/监视、目标评定、电子战、气象观测/侦察	侦察/监视、目标评定、指挥控制、电子战、气象观测/侦察、攻击	侦察、信号情报、电子战、心理战、气象观测、攻击	侦察/监视、信号情报、指挥控制、电子战
机体	固定翼、旋翼、垂直起降		固定翼	
巡航速度/(km·h^{-1})	120~185	120~300	540~850	630~850

续表

	近距离型	短距离型	中距离型	高空长航时型
运用高度/m	150～5 000	100～6 000	200～13 100	7 000～20 500
续航时间/h	2～6	4～16	1～3	24～60
运用半径/km	50～100	100～400	470～960	125～5 500
有效载荷/kg	13～50	25～80	40～130	60～900
导航方式	预编程序/遥控	预编程序/遥控	预编程序	预编程序/遥控

表5.3 无人机系统的任务/使命领域

任务/使命领域	使用无人机的理由		
	危险	枯燥	污染
情报、监视、侦察（ISR）	√	√	
指挥、控制、通信（C³）		√	
兵力防护	√	√	√
信号情报收集	√	√	
抗大规模杀伤武器			√
战区反导	√	√	
压制敌防空系统	√		
战斗搜索与救援	√		
海上反测量（MCM）	√		
气象学与海洋学	√	√	√
边境警戒与缉毒	√	√	
心理战	√		
全天候全天时攻击	√		
训练保障		√	
反潜战		√	
导航		√	

1. 战场侦察的生力军

全球性侦察监视任务可由类似于低轨道人造地球卫星的无人机完成，如太阳能动力、微波能和核能无人机，它可长年累月地在 25 000 m 以上的高空飞行，一般的防空火力无法触及，活动半径不受限制，主要可对卫星发射、核试验和大规模的自然灾害等各国内外的重大事件进行侦察监视。战区侦察监视任务可由活动半径在 700~1 000 km 以上的无人机完成，如美制"暗星"系列无人机是一种隐身性能较好、续航能力强的无人机，主要对战场范围内的敌兵力部署、重要目标的分布和战役军事调动等行动进行侦察监视。敌后纵深侦察监视任务可由能在高空进行远距离跨国飞行的无人机遂行，如美制"全球鹰"就具有这种能力，主要用于战时对敌战略纵深的情况进行全方位监测。战术侦察监视任务可由活动半径在几千米至几百千米范围内的无人机执行，主要用于师和师以下部队的战场侦察监视任务。2005 年美国空军在"多平台雷达引入计划"（MP-RTIP）中发展可用于 UAS 的传感器系统，并在 E-8"联合星"和"全球鹰"上进行试验和部署，用以发现具有隐身能力的飞机和低空飞行的巡航导弹。隐形微型无人侦察机既可深入敌后遂行特种侦察，还可作为单兵携带的侦察装备使用。

2. 战场引诱骚扰的高手

在贝卡山谷空战中，以军以无人机发射出全尺寸有人攻击机的虚假信号，引诱叙利亚雷达开机并发射导弹，使叙军暴露了发射阵地，并用装有雷达寻的和非核炸药的反辐射无人机，飞抵叙军阵地上空骚扰并伺机摧毁雷达。最终，以军在牺牲 1 名飞行员的情况下，仅用了 6 min，就摧毁了叙军 19 个"萨姆"-6 导弹连阵地。

3. 无人化空战的尖兵

无人攻击机可挂载各种类型的空空和空地导弹，攻击地面、海上和空中的固定目标和活动目标。美国的"捕食者"无人攻击机，可挂载 12 枚"洛卡斯"或 2 枚联合直接攻击弹药（JDAM）。专门攻击机动式地面雷达站的以色列"哈比"反辐射无人机，具有自动捕捉和识别目标的能力。德国的"达尔"无人攻击机能为己方攻击机开辟空中走廊。预先部署的无人攻击机，还可在远距离上摧毁敌来袭的战略、战役和战术导弹，避免目标临空被毁的残体杀伤。具有独立作战能力的智能无人攻击机，采用注入专家系统的分级实时武器控制系统，可自主识别目标、自动分配目标、个别跟踪目标和评估威胁，自动选择最佳机载武器实施攻击，甚至还能以自杀式攻击的方式摧毁目标。

4. 特种作战的利器

具有隐形功能的无人攻击机，可渗透到敌防御纵深遂行突袭使命，打击敌后勤设施、指挥控制系统和民用设施等政治、经济和军事类目标。无人攻击机可在自然环境恶劣、核生化沾染、敌情威胁严重和其他不利于人员参加的条件下作战。

5. 军事训练的好帮手

在平时的作战训练中，用无人机作训练的靶机，则不用担心人员伤亡，加之其研制费用较低，经济损失较小，能够极大地提高训练效益。

四、无人机的优势及特点

无人机以简洁的攻击方式，有效的火力打击，低廉的经费投入，方便的性能提升，以及突出的战绩成为极其有效的打击手段。与有人驾驶飞机相比，无人机具有续航能力强、经济实用、无人员伤亡和训练维修成本低等优点，并具有以任务为中心进行设计研制，不用考虑人的因素，机身结构简单，但系统复杂等特点。

1. 续航能力强

目前，在已投入实战运用的众多无人机中，美空军"全球鹰"无人侦察机的续航时间已达 42 h，比现有任何一种有人驾驶飞机的巡航时间都要长。然而，随着无人机动力系统的改进，未来无人机续航能力更强。像美军研制的"开拓者"和"太阳"号等无人机，因采用太阳能动力系统，其设计续航时间将达 96 h，飞行高度可达 20 km。而加拿大研制的 SHARP 无人机，则通过微波能量转换系统，将地面抛物面天线释放出的大量微波能转换成电能，并输入电动机驱动螺旋桨，其设计续航时间为 6~12 个月。

2. 机动灵活、经济实用

与有人驾驶飞机相比，无人机因无飞行员，可以设计得结构简单、重量轻、尺寸小，最小的只有飞鸟和蜻蜓那么大，故其研制费、生产成本比载人飞机要低得多。如美制小型无人机 FQM-151A "短毛猎犬"，造价仅为 5 000 美元，加拿大研制的 CL-227 "哨兵"无人机，造价为 45 000 美元，即使大型的"全球鹰"战略无人侦察机的造价，也仅为 1 100 万美元，成本不足联合攻击战斗机（JSF）F-35 的 1/3。无人机的使用与维护上的成本优势更突出。例如，无人机的设计寿命为 4 000h，其中 2 000h 用于作战，而有人战斗机全寿命周期的 95% 则都用于训练飞行，因此无人机可以节省培训飞行员的大量费用。如果按每个飞行作战小时所耗费的美元多少计算折旧率，则无人机的折旧率是 F-16 的 1/10，这说明无人机能够承受的战斗损失率是 F-16 的 10 倍。无人战斗机在不用时可长期封装保存，不像有人战斗机那样需要经常飞行。这在和平时期所带来的直接使用成本和后勤保障成本的节省尤为可观。此外，由于无人机可利用废旧的有人驾驶飞机改造，也可大大降低生产成本。

3. 人员零伤亡

由于无人机操作员只需在远离交战区域的地面控制站里，凭借远程遥控系统，借助无人机和其他战场侦察系统传回的实时战场图景，即可指挥无人机遂行各种急难险重的作战任务，因此，他们面临的威胁自然要比那些驾驶飞机冲锋陷阵的飞行员们要小得多。另外，在与有人驾驶飞机协同编队作战时，无人机还可以在关键时刻牺牲自己以保全有人飞机飞行员生命。

4. 以任务为中心研制，不用考虑人的因素

无人机研制的最大特点是，它可主要以任务为中心来设计，而不用考虑人的因素。因此，无人机的速度、高度、航程和机动性可以有很大的突破，机动能力可以成倍增长（过载可达 $20g$），可携带各种精确制导武器，作战使用灵活多样，更容易实现隐身要求；而且许多受到人的生命安全、人的生理或人为因素限制的技术都可以在无人机的设计中大胆使用。正因为如此，现在许多人把无人机称为"无约束的作战飞行器"。此外，这种飞行器因为没有常规驾驶舱，飞机可以设计得比常规作战飞机小得多（主要取决于武器系统），对提高飞机的飞行性能和隐身性能有明显优势。

5. 机身结构简单，但系统复杂

对于无人机本身来说，虽然其气动外形与有人驾驶飞机相同或大同小异，但因为没有飞行员，也就没有驾驶舱和相应的设备，因此，在结构上比较简单，易于采用模块化设计，以便更换任务组件。

但是，无人机系统（UAVS）却比较复杂。UAVS 一般包括无人机飞行器、遥控站和数据链。机载系统包括信息存储与传输系统、信息感知与信息对抗系统、任务规划与管理系统、飞行器飞行控制与管理系统、能源管理系统、突防系统、自主起飞着陆系统等。遥控站可以设在地面，也可以设在其他飞行器、车辆和海面舰船上。遥控站的控制人员通过测控等设备，对无人机进行跟踪、定位和数据传输。这样复杂的系统必须人与飞机和各种设备共同工作，相互配合，才能完成无人机的起飞、空中飞行、执行任务和降落。

五、无人机的劣势

无人机与有人机相比，虽然具有机体小、价格低廉、起飞不受限制、无人员伤亡、空勤保障简单、必要时可与敌同归于尽等优点，而现有的无人机仍存在生存能力低、灵活性和适应性差、攻击能力弱且易受干扰等缺陷。

1. 生存能力低

在技术上，因无飞行员，且机载系统复杂，这给无人机的飞行带来不便。当出现故障时，自身不能排除，只能做出瞬时的调整，大多需返回基地，且易发生

摔机事故。

无人机的操控人员是在离前线较远的地方为无人机提供指令。无人机的飞行速度和航线一般比较固定，即使改变航线，也得进行大角度爬升，这就给敌方提供了有利的战机。

虽然实施高空侦察，但有时为了拍摄准确的图像，就得实施低空侦察飞行，此时易被敌地面武器击中。

2. 灵活性和适应性差

飞机与操纵人员之间的交互作用、协调和变化的程度要比有人作战飞机复杂得多。一方面要求机载设备的智能化程度高，要有安全可靠且冗长的数据链。另一方面对操纵人员的素质要求也很高，操纵人员不仅要监控飞机的飞行状态，适时改变航向，更重要的是，必须在关键时刻从"控制中心"发送动作指令，使飞机能够实时快速地机动或攻击。在战术上，无人机执行任务时，无法及时判断地面真假目标，遇到空中威胁时，不能做到先机制敌或改变航线。

无人机自身携带的传感器少，在很大程度上需依赖于离机的各种传感器来获取信息，这就存在着一个大量信息流如何管理的问题。

3. 攻击能力弱

目前，无人攻击机进入实战的主要障碍是载荷能力小、弹药数量少、攻击能力弱，因此不断提高制导精度和改进战斗部已成为武器系统发展的关键，包括机载武器小型化和提高杀伤力、多机控制与指挥协调、无人攻击机与地面火力系统的协同作战等。遂行打击任务是未来无人作战飞机的核心发展目标。

4. 易受干扰

与有人飞机的机载电子侦察系统一样，无人机的载荷系统受天气、烟雾、伪装和电子干扰的影响较大，甚至会失去作用。

针对无人机在以往局部战争中的使用特点，着眼其弱点，无人机有以下"七怕"。

(1) 一怕空中拦截。由于现在无人机多数具有防御能力，无攻击能力，即使有攻击能力，也因其机载弹少，不能与有人飞机实施直接对抗；多数不能识别敌我空中目标，有时会误敌为友，被敌方乘隙攻击。为此，要根据无人机基地和重要保卫目标的位置，研究敌无人机出动的主要方向，针对其活动高度、探测能力，分析判断其可能的活动区域，及时掌握其活动规律，航空兵抓住有利战机，隐蔽出航，或在无人机出没的航线上空巡逻，实施空中截击，将其击落或使其改变方向。在一定空域上空设置阻塞气球、伞系钢缆，抛射空中雷弹，堵塞无人机航路或飞机布设雷障和火箭抛射地雷、发烟罐、钢球弹等，给无人机布设空中陷阱。

(2) 二怕空中预警。无人机广泛使用复合材料、雷达、吸波器材、红外隐身技术及隐身技术，使无人机对雷达、红外的隐身性能达到了相当高的程度，一般无人机雷达截面积仅为 0.1 m^2，即使是非隐身无人机，由于其尺寸小，发动机功率低，而外形和横截面的设计自由度大，其雷达反射截面及散射红外信号亦较小。为了在远距离上探测到小型低可探测的无人机，除了发展新型低空目标监视雷达外，防空系统的布置在时间上应尽可能超前、在空间上应尽可能扩大。预警机、先进战斗机上装备的下视下射雷达、红外搜索与跟踪装置相互弥补，能发现低可探测飞行器的航迹及其在地面背景中的运动。在无人机经常出没的航线上或重要目标附近，建立高中低空、远中近程相结合的对空观察哨，及时发现空情。

(3) 三怕指控平台受打击。大多数无人机是由地面车辆、舰艇、载机发射升空，亦有部分无人机采用地面自行滑跑起飞技术。对无人机发射控制平台采取先发制人的打击，并力争将无人机摧毁于其未进入作战空域之前，自然就成为打击无人机的最佳选择。这一目的的实现在于建立多手段、多层次的立体侦察网和实时的指挥控制通信系统和一支快速反应的打击力量。根据无人机来袭方向判明其控制平台大致方位，航空兵抓住对方飞机出航或返回基地的有利战机，以夜暗作掩护，实施远程奔袭；出动特种部队，采取从空中进入或地面秘密渗透的方法，实施偷袭破坏；集中使用战役战术导弹和远程火器，对无人机起飞平台实施猛烈远程突击。

(4) 四怕空地设伏。在科索沃战争中，北约有 10 余架无人机，被南联盟军队采取空地伏击的战术手段击落或击伤后坠毁。在越南战争"九号公路"战役中，越南人民军为了对付美军的无人机，针对其机场多在溪山、达庚地区，向作战地域机动的航线比较固定等特点，预先在无人机机场到作战地域的高地设置火力伏击阵地，根据地形特点，配置以高射火器和轻、重机枪混合编组的对空火力网。当敌机临空时，火力伏击部队突然集中射击，很多无人机被击落或撞到大山上。为此，在掌握无人机飞行规律的基础上，防空部队在其可能进入的方向上占领有利地形，隐藏待机，预先设伏，一旦发现入侵的无人机出现在空中，按照距离的远近，可依次由地空导弹和高炮等予以截击。在无人机无掩护飞机的情况下，若条件许可应尽可能由航空兵实施空中设伏无人机，并在主要威胁方向上配置飞机，以便尽远拦截。对一般孤立分散的无人机，地面防空部队可实施机动伏击。

(5) 五怕电子干扰。针对无人机的电子系统受到强烈电子干扰后会失灵的特点，对其实施电子干扰，将使无人机在复杂环境下的使用受到很大限制，其机载探测设备及数据传输与处理也会受到影响，甚至失灵。针对无人机工作时要通过地面控制站采用无线电传输实时遥控和获取战场信息的特点，可利用火箭发射可控定向干扰的空中雷群、金属丝、箔条等，对无人机实施电子干扰；发射红外诱饵弹,并使弹体爆炸后红外诱饵的分布呈现出防护目标的红外辐射特征,欺骗无人机机载的红外成像制导系统,使其捕捉假目标;集中主要电子对抗力量,干扰无人机机载搜索雷达,为航空兵突击兵力开辟安全的电磁通道;使用飞机,在无人机飞行区域周围空域多方向、多层次大量布撒金属箔条,形成干扰走廊,同时使用干扰飞机从多个方向对无人机施放大功率有源干扰。

(6) 六怕伪装欺骗。目前,无人机主要用于在中等威胁环境下执行大范围的连续监视、侦察任务,获取有价值的战略战术情报。虽然其机载设备先进,能实时获取高质量的目标图像信息,但也难以透过严密的伪装来识别真假目标。为此,要充分利用先进的伪装技术,对在无人机可能实施侦察的方向上,对作战指挥机构、通信枢纽、重要机场等目标实施严密伪装,力求达到"隐形化",以增大无人机侦察、探测的难度,从而增大其滞空时间,为火力打击创造条件;要广泛使用伪装器材和模拟技术器材,以有效对付无人机机载的红外侦察、雷达侦察和各种光电侦察器材,并对其采取欺骗措施;要综合运用隐身、示(仿)形、伴动、电磁、制造假情报等各种伪装方法,欺骗、迷惑无人机,以隐蔽作战行动企图;要利用各种器材或材料仿制成在光电探测、跟踪、导引的电磁波段中与真目标具有相同特性的各种假设施、假兵器或者发射红外诱饵弹,对无人机进行欺骗。

(7) 七怕烟幕迷盲。战争的实践证明:有效使用烟幕可以使无人机侦察的效能至少降低 30%～40%,人造烟幕不仅可遮挡可见光,吸收红外、毫米波,还可使激光传输距离大大缩短。为此,利用有利战机,在无人机飞行方向上或重点目标附近施放各种烟幕,在一定距离上形成数道具有一定高度、厚度和长度的烟幕帘,就能降低无人机电子设备的侦察效能,甚至阻断其激光、红外线的传输,使其无法准确拍摄真实图像。采取遮蔽烟幕、迷盲烟幕、欺编烟幕和识别信号烟幕等手段,降低无人机空中侦察、监视的能力。

六、无人机的实战运用

无人机在 20 世纪 60 年代的越南战争中第一次被真正投入实战。当时美军的作战飞机被越南人民军的防空导弹和防空炮火击落很多,为减少战损和飞行员的伤亡,美军使用装备有跟踪与地面控制系统和空用相机的 BQM-34 火蜂(Firebee)无人侦察机(URAV),开始对越南人民军进行战略侦察。在火蜂无人侦察机 3 435 架次的飞行任务中,其战损率仅为 16%。按当时有人驾驶作战飞机的战损率计算,至少有 1 500 名飞行员免于遇难。此后在气候恶劣、环境危险等不允许有人驾驶的情况下,各国部队都广泛使用 UAV 于侦察、观测、监控、传输资料图像等。

1982 年,在以-叙贝卡山谷(Bekaa Valley)之战中,以色列非常巧妙地利用火蜂、侦察兵等无人机轻易获得了叙利亚 SA-6 防空导弹阵地雷达的操作频率和信号情报，并掌握了导弹阵地的部署位置及其引导系统数据，致使以军最后仅用 6min 时间就将叙利亚部署的 19 个导弹阵地和 40 套雷达全部摧毁。

从此无人机在世界各地的武装冲突和局部战争中，特别是在近年来的高科技局部战争中大显身手。海湾战争中多国部队共投入了 200 多架无人机，执行战场侦察任务，及时而详细地获取了伊军前线和伊境内的指挥所、飞机库、各类部队掩体和发射阵地等大量情报；执行电子战任务，干扰和遮断了伊军防空系统的跟踪，诱导伊军雷达目标的暴露；执行目标显示和损毁评估任务，使美海军战列舰对岸上目标的轰炸效果成倍增长。在科索沃战争中，"捕食者"无人机与首次投入实战的全球广播业务卫星系统相配合，在美国本土和战区之间传送了大量情报。其间，美军出动了 100 多架无人机，用于战场侦察与监视，为美军 78 天的空袭立下了汗马功劳。

在阿富汗战争中，美军再次使用了"捕食者"，并首次启用了更先进的"全球鹰"无人机。

伊拉克战争中，美军投入了 10 余种无人机供战场指挥官使用。这些"空中千里眼"能够长时间连续监视战场动态，把拍摄到的图像传送给地面控制站或直接传给卫星，再传至作战司令部，与其他情报、监视、侦察系统提供的各种情报融合后形成综合通用战场态势图。这些图像也可通过全球广播卫星系统分发至战区各层指挥节点，从而大大提高美军的信息共享能力。伊战中，美英联军的作战信息有 1/3 是依靠无人机获得的，"全球鹰"无人机在伊拉克上空飞行的架次占侦察飞机飞行架次的 3%，占高空飞行任务的 5%，但其收集到与防空相关的敏感目标的数据却占 55%。

除了情报侦察之外，2001 年阿富汗战争中美军的 RQ-1A 捕食者（Predator）还首次携带 AGM-114 "地狱火-C"（Hellfire）反坦克制导导弹，攻击视距之外固定和移动的坦克，由地面指挥站或空中预警指挥机上的战斗指挥员决定是否向目标发射导弹。尽管当时的"捕食者"无人侦察攻击机只能在敌方完全缺乏防空能力的条件下使用，但以这一事件为标志，无人机在战场上的地位和作用，发生了从辅助作战手段向基本作战手段的重要转变。

攻击性无人机的进一步发展，它的攻击能力、生存能力的强化和在战斗中的大量使用，必将是继现代坦克在"第二次世界大战"以来、攻击直升机在越南战争以来的大量使用之后，将极大地改变现代战争的场面。

无人机不仅可利用其特有的优势弥补卫星、有人机等现有信息平台的不足，还可通过构建大、中、小和高、中、低梯次配置的无人侦察体系，为一体化作战提供战略、战役、战术各层面的全方位情报。无人机的优势不仅体现在信息获取上，它还可担负信息软杀伤和火力硬摧毁的双重任务。

七、无人机关键技术

在无人机的发展中，很多技术起到了关键性的作用，其中主要包括如下几方面。

1. 人工智能技术

无人机存在的主要问题是飞机的自主程序设计问题。这需要一些智能的、基于规定的任务管理软件来驱动安装在无人机上的综合传感器，保证通信连接，完成无人机与操纵人员之间的交互。这不仅使无人机能确保按命令或预编程序来完成预定的任务，对已知的目标做出反应，还能对随机出现的目标作出相应的反应。如果没有一定程序的自主性，通信链路和操作员将要承受很大的负担。自主性减少了无人机对上下行链路的依赖程度，减少了需要交换的信息量。如果数据链被切断，无人机也会漫无目的地盘旋。战术飞机上的人员可以根据前方无人机传回的图像信息，指定一个目标，然后组织协同攻击。真正作战时的进入、攻击、撤出都由无人机自主地实施，要提高无人机的自主性，人工智能和控制技术是有效的途径。

2. 通信技术

宽带、大数据流量的数据链技术可以使无人机远距离、快速度地传输信息，实施超视距控制，这是无人机技术发展的关键技术。如果在远距离或敌方干扰的情况下不能进行通信或不能可靠地工作，信息无法发给指挥控制中心，指令也无法发给正在作战的无人机，人就无法在其中发挥作用，无人机也将失去其优势。

3. 设备和武器的小型化技术

无人机的电子设备将更新，采用内嵌式传感器可实现360°的认知能力，通过配备合成孔径雷达、双基地雷达、低截获概率的通信设备将提高无人机对战场掌控的能力，并增加抗干扰能力。在机载武器系统方面，将会采用最先进的空-空和空-地武器，使用非常小、非常灵巧的炸弹和导弹，使有效载荷能力最优，在相同质量下，其破坏能力比现在增加10倍。

4. 纳米技术

纳米技术是制造超微型零部件的技术依托，纳米技术的成熟与否将关系到微型无人机的发展前景。

5. 气动技术

由于无人机对灵敏度、飞行高度以及雷达反射截面等有特殊的要求，因而对各种先进技术气动布局的研究就显得尤为重要。如无尾、三角翼构型，这种构型通过开缝式扰流板/偏转板和活动翼尖起到方向舵的作用。采用高度翼身融合、沿机翼中心线厚度变化尽可能小的机翼，使得正面的雷达截面积很小，只有后向的雷达截面积才略有增加。

6. 推进技术

无人机一般要求长航程，因此必须采用高效率的动力技术。此外还可开发新的轻型高效燃料，如高效的航空煤油和使用太阳能作动力等。

第二节　无人机指挥信息系统及其发展趋势

一个国家的武装部队需要多少类型的无人机取决于很多因素。首先，取决于本国的军事理论和将要参加的战争的特点；其次，取决于国家的科技和工业的潜力以及制造飞行器、控制系统、信息设备的经验；第三，取决于国家的经济实力。

无人机的控制方式主要包括人在回路中的控制方式和自主控制两种。相应的无人机也可以分为人在回路中控制的无线电遥控无人机（RPV）和自主控制的非遥控无人机（drone）两大类。

人在回路中控制无人机执行任务时，通常由地面控制站对无人机进行实时指控。无人机系统一般包括数架飞机和一套地面站，参见图5.4。地面站一般由指挥控制车、机动控制车、发射车、电源车、情报处理车、维修车和运输车等组成。

图5.4　科索沃战争期间美军无人机地面站

非遥控无人机主要是在无人机发射前，按照飞行计划，对飞机上的飞行控制与导航系统输入预编飞行程序，无人机在飞行时按预编飞行程序自主控制飞行。但自主控制技术目前尚不成熟，距实用还有一段距离。

一、人在回路中控制方式——测控与数据链技术

无人机的飞行主要依靠预编程序和人在回路中控制方式来实现。无人机测控与信息传输系统是对无人机进行遥控、遥测、跟踪定位和载荷信息传输的设备，又称无人机测控与通信系统，简称无人机测控系统。无人机测控系统由测控站和机载设备两部分组成，但因无人机有独立导航系统等特点，一般认为无人机测控系统由控制站和数据链两部分组成。

无人机测控技术涉及遥控遥测、跟踪测量、图像传输、数据通信、卫星通信、自动控制和计算机应用等技术，是针对无人机系统的特点，应用多种相关技术进行综合集成，逐渐形成的一种专门技术，是与无人机的构成和使用紧密相关的技术。

控制站是实现任务规划、操纵控制和显示记录的设备，又称指挥控制站，除了少数机载和舰载情况外，通称地面控制站（GCS），如图5.5所示。通过控制站，不但可以获得无人机所侦察到的信息，而且可以向无人机发布指令，控制它的飞行，使无人机能够顺利完成任务。

图 5.5　无人机地面控制站

数据链是实现控制站与无人机之间数据收发的设备，包括安装在无人机上的机载数据终端（ADT）和设置在地面的地面数据终端（GDT）。数据链是无人机测控系统的主要组成部分，其作用距离、传输速率、误码率与差错率、跟踪定位精度和抗干扰能力等决定了无人机测控系统的主要性能。

数据链在无人机测控系统中起着关键性的作用，以致人们容易把数据链等同于测控系统。无人机测控系统的性能和规模在很大程度上决定了整个无人机系统的性能和规模。

无人机系统的通信数据链包括空空、空地（海）、空天之间的信息/指令传输的双向数据链，其中下行通信链路将无人机有效载荷状态信息、各种不同传感器

的探测数据（包括图像）传送到控制站，使控制站与可获取的情报资源相连，并利用这些信息进行实时任务规划/飞行作战任务更新，同时上行通信链路向无人机及其有效载荷发出控制和操作指令。

无人机通信数据链通常包括如下几方面。

（1）一条上行链路，也叫指挥链路，该链路需要较小的带宽，用于控制站和/或小卫星对无人机及其机上有效载荷的控制。

（2）一条下行链路，它提供两个通道：一个是状态通道，也称遥测通道，用于向控制站和/或小卫星传递当前飞机的飞行速度、发动机转速以及机上设备的状态信息，该通道与指挥链路一样，仅需要较小的带宽；另一个数据通道用于向控制站和/或小卫星传递传感器数据，它需要足够的带宽以传送大量的传感器数据，一般的下行数据链路都是连续传送的。

不同的无人机使用不同频段的数据链，因而需要不同的数据终端来操纵无人机。

1. 超小型无人机的数据链

机翼直径在1~2 m的超小型无人机因为具有体积小、隐蔽性好、机动灵活等优点，已引起了各国军界的广泛关注。但超小型无人机因载荷能力较小，其机载的各种传感器、导航系统、数据链系统和机载计算机的体积和质量都受到限制。因此在超小型无人机系统设计中，一个显著的特点就是要在机载重量与设备性能之间找出合理的平衡点。

因无人机数据链的重要性，研制单位都选择技术较成熟的通信系统作为超小型无人机的数据链，以保证数据传输的可靠性，典型的数据链传输类型见表5.4。

表5.4 典型研究机构超小型无人机数据链传输类型

研究单位	RC遥控	视频传输	数传电台	无线局域网
亚利桑那州州立大学	√（采用）	√	√	×（未采用）
加州大学伯克利分校	√	×	×	√
南达科他矿业技术学院	√	×	×	√
罗斯-豪曼理工大学	√	×	×	√
斯蒙-福瑞兹大学	√	×	×	×
滑铁卢大学	√	×	√	×
柏林大学	√	×	√	×

RC遥控作为上行数据链，传输数字式遥控信号；视频传输作为下行数据链，传输图像信号；数传电台和无线局域网既作为上行数据链，传输任务载荷的命令信号、无人机的飞行路线控制信号，又作为下行数据链，传输无人机的状态信号。

特别是它们充分利用无线局域网的高传输速率的优势，把视频信号数字化之后，利用无线局域网进行传输，并取得了良好的信号效果。

2. 数传电台

数传电台一般采用数字信号处理、纠错编码、软件无线电、数字调制解调和表面切片一体化设计等特点，具有高性能、高可靠的特点，电台提供标准的 RS232 数据等接口，传输速率为 9 600～19 200 b/s，误码率低于 10^{-6}（-110 dB）时，发射功率可软件调解，任何型号的电台可设置为主站或远程站使用。

调制方式对通信系统的传输有效性和传输可靠性具有较大的影响，往往决定着通信系统的性能。数传电台的调制方式主要有 4 类。

（1）高斯滤波最小频移键控（GMSK）。GMSK 调制是在最小频移键控调制器之前插入高斯低通预调制滤波器这样一种调制方式。GMSK 提高了数字移动通信的频谱利用率和通信质量。

（2）连续相位频移键控（CPFSK）。采用 CPFSK 调制方式使接收机易于实现，而且不易受外界温度噪声的影响，信号调制处理时实现了低功耗。

（3）正交振幅调制（QAM）。用数字信号去调制载波的幅度和相位，使载波的幅度和相位受控于数字信号，常用的有 16QAM，32QAM，64QAM 等。这种调制由于载波的幅度和相位都带有信息，所以它比 QPSK 方式所能传输的数码率高。

（4）四进制相移键控调制（QPSK）。QPSK 是一种四进制相位键控调制方式，用于把相继码元四种组合（00，01，10，11）对应于载波的四个相位（0，$\pm\pi/2$，π）。

数传电台的覆盖面积：天线高度分别为 H 和 h，由于地球曲率的影响，两点之间的最大可视距离（通信距离）$D=4.12(\sqrt{H}+\sqrt{h})$。因此天线是数传电台通信距离的第一因素。例如天线高度均为 1 m，理论最大传输距离为 6 km 左右。

无线电波信号到达接收机的场强不同，解调输出信号的信噪比也会不同，从而影响系统的判断造成误码。如果场强太小，即使距离再近，接收机也接收不到，所以接收场强是决定通信距离的第二因素。

3. 无线局域网

无线局域网（WLAN）是一种采用无线传输介质的计算机局域网。最具有代表性的无线局域网标准是美国 IEEE 先后制定的无线局域网标准 IEEE802.11，IEEE802.11b，IEEE802.11a 和 IEEE802.11g，见表 5.5。

表 5.5 无线局域网标准

标准	频率/GHz	传输速率 $\overline{Mb \cdot s^{-1}}$	关键技术	传输距离/m	业务
802.11	2.4	1~2	直接序列扩频	100	数据
802.11b	2.4	11	直接序列扩频	100	数据、图像
802.11a	5.8	54	正交频分复用	80	数据、图像
802.11g	2.4	54	正交频分复用	150	数据、图像

IEEE802.11g 标准采用了诸多先进技术，实现了 IEEE802.11a 与 IEEE802.11b 的兼容，并且在传输速度和可靠性方面都有较大提高，该标准很有发展潜力。

IEEE802.11g 的关键技术：

(1) 补偿码键控-直接序列扩频（CCK-DSSS）调制技术。CCK-DSSS 是一种单载波调制技术，通过相位键控调制方式传输数据，传输速率分为 1Mb/s，2 Mb/s，5.5 Mb/s 和 11Mb/s。CCK 通过与接收端的 Rake 接收机配合使用，能够在高效率的传输数据的同时有效地克服多径效应。

(2) 分组二进制卷积编码（PBCC）调制技术。PBCC 调制技术是由 TI 公司提出的，已作为 802.11g 的可选项被采纳。PBCC 也是单载波调制，但它与 CCK 不同，它使用了更多复杂的信号星座图。PBCC 采用 8PSK，而 CCK 使用 BPSK/QPSK；另外 PBCC 使用了卷积码，而 CCK 使用区块码。因此，它们的解调过程是不同的。PBCC 可以完成更高速率的数据传输，其传输速率为 11 Mb/s，22 Mb/s 和 33 Mb/s。

(3) 正交频分复用（OFDM）调制技术。OFDM 技术的主要思想是在频域内将给定信道分成许多正交子信道，在每个子信道上使用一个子载波进行调制，并且各子载波并行传输，从而有效地抑制无线信道的时间弥散所带来的信道干扰。

由于在 OFDM 系统中各个子信道的载波相互争叫，于是它们的频谱是相互重叠的，这样不但减少了子载波间的相互干扰，同时也提高了频谱利用率。

由于无线信道存在频率选择性，所有的子信道不会同时处于比较深的衰落情况之中，因此可以通过动态比特分配以及动态子信道分配的方法，充分利用信噪比高的子信道，从而提升系统性能。由于窄带干扰只能影响一小部分载波，因此 OFDM 系统在某种程度上能够抵抗这种干扰。

在开放的环境中，一般无线局域网设备所能覆盖的最大距离通常大于 500 m；如果借助于外接天线作链接，传输距离则可以达到 30~50 km，甚至更远，这要视天线本身的增益和高度而定。因此，可根据用户的需求而加以应用。

无线局域网常用的无线通信设备主要有无线网卡和无线访问节点（AP）。除此之外，在无线局域网中还使用无线路由器、无线网桥、无线调制解调器和天线等。

作为无人机数据链，可采用基于无线局域网协议的串口设备，然后可以和无线访问节点 AP 组成网络。

4. 无线局域网与数传电台性能的比较

无线局域网由于采用了许多先进的技术，因此在诸多方面比数传电台都有较大的优势。

（1）传输速率。数传电台的传输速率一般最高为 19.2 kb/s，而 802.11g 无线局域网产品的传输速率为 54 Mb/s，而且传输速率最高为 320 Mb/s 的 802.11n 标准也即将上市。

（2）可靠性。无线局域网标准采用了补偿码键控 CCK、分组二进制卷积编码 PBCC 和正交频分复用 OFDM 等先进的调制技术，其产品的传输误码率一定低于数传电台的传输误码率。

（3）兼容性。无线局域网产品是基于 IEEE 制定的 802.11g 等通信标准的产品，使得不用厂商制造的系统之间具备了互用性，因而，无论制造来源如何，这种标准确保了新产品功能的兼容性。而数传电台产品却不具有这种兼容性。

而且，无线局域网产品价格大幅度下降，其性价比已高于数传电台。总之，基于无线局域网协议的产品将会成为超小型无人机数据链的主流。

二、测控系统的发展趋势

（1）进一步提高数据传输速率。随着无人机载荷能力的提高，机上任务传感器的数据量将越来越大，要求数据链下行数据传输速率进一步提高。因此，要研究更高性能的无人机图像数据压缩技术，更高数据速率的高速数据调制解调技术，更高频段的宽带收发信机技术，甚至基于光通信的数据链技术。

（2）进一步提高抗干扰能力。随着战场电子战技术的不断发展，无人机系统面临的电子对抗形势日趋严峻，要求数据链进一步提高抗截获、抗干扰能力。因此，要研究更高性能的抗干扰数据链技术，特别是宽带数据的抗干扰技术，还要研究适应山区或城市环境条件的抗多径干扰技术。

（3）解决无人机群的测控问题。根据无人机多机编队执行任务的需要，对一站多机数据链和多链路中继数据链的需求日益迫切。因此，将加快一站多机数据链技术的研究，应用数字多波束等先进技术，提高对多架无人机的跟踪精度和数据传输能力,还要研究多机多链路无人机数据链组网技术,应用 Ad Hoc 等网络原理,分别实现对近程和远程无人机群的测控。其主要的研发方向有:

1) 多目标测控体制的研究;
2) 多目标测控、侦察信息融合技术研究;
3) 多目标控制处理技术研究;
4) 多目标的综合航迹参数处理显示技术研究;
5) 各军兵种使用的无人机获取的情报将融入 C^4ISR 网,实现资源共享。

(4) 无人机测控系统的通用化。随着无人机系统的大量应用,为了实现多机多系统兼容与协同工作,实现互通互联互操作和资源共享,提高无人机测控系统使用效率,对无人机测控系统通用化和标准化的要求越来越迫切。因此,要研究通用数据链技术和通用地面控制站技术,制定合理的无人机测控系统标准,进一步提高无人机测控系统通用化、系列化、模块化的程度。

要实现无人机测控系统通用化,既要分析无人机对测控系统的性能要求,制定无人机通用测控系统的设备标准(包括频率配置、调制方式、信号格式、接口协议等),又要采取相应措施解决由通用性产生的技术问题。

无人机测控系统通用化工作需要由使用方和承研方共同来完成。必须由军方机关组织有使用和研制专家参加的专业机构,经过充分论证,确定无人机测控系统的发展型谱,制定无人机测控系统的设备标准。

(5) 无人机测控系统的产业化。无人机测控系统通用化和系列化的实现,有利于无人机系统的迅速发展和广泛应用,同时也对设备研制工作带来深远影响。研制单位从根据使用方临时提出的技术要求进行设备研制,转变到在权威的发展型谱指导下,按通用化和系列化原则进行产品开发和生产。将"裁缝店"变成"服装厂",实现无人机测控系统的产业化。设备批生产数量的增加,有利于降低成本和提高质量。

要实现无人机测控系统的产业化,除了通用化和系列化作为条件外,还涉及研制单位在管理方式、组织形式和基础设施等方面的相应改变。

在管理方式上,要从按"项目"(任务)管理改变为按"产品"(型号)管理。在组织形式上,要将"研发"与"生产"分开,加强试验、销售和服务机构。在基础设施上,应增加生产设备、检测设备(含自动测试系统)和试验设备的建设。

三、指挥系统的未来发展——指挥所模式

无人机系统技术的发展目前正处在由情报、监视、侦察(ISR)、电子战类型向攻击型、无人战斗机(UCAV)类型的发展阶段,兼备指挥控制功能的无人机系统已经出现。随着科技发展的突飞猛进,有人指挥机指控无人机机群的联合作战以及指挥控制无人机指控无人机机群的联合作战的场景肯定会出现。

无人机指挥控制系统目前已有由"一站一机"向"一站多机"方向发展的趋势，在最初无人战斗机研究计划中，曾对地面站控制 UCAV 的数量进行了扩充，提出了"一站多机"的方案。但随着研究工作和作战模拟的深入，最近又提出了指挥所式地面控制结构方案，即由一个指挥所控制多批、多架（30架以上）UCAV。指挥所系统旨在实现任务与航路预规划和人机对话，并且有较强的辅助决策能力，即能提出方案供选择并能比较其优劣（见图5.6和图5.7）。

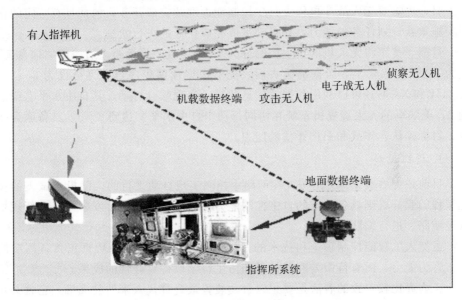

图 5.6　无人机指挥所模式构想图

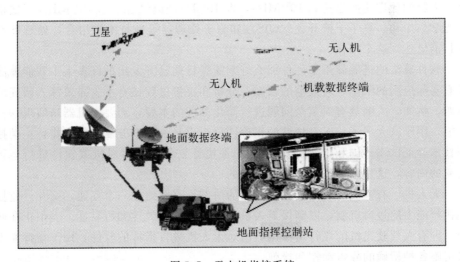

图 5.7　无人机指控系统

(一)自主控制技术有待科技的发展

实现自主控制飞行是无人机技术发展的崇高境界,自主控制能力是无人战斗机未来发展的主要方向,也是无人机发展水平的重要指标。

自主控制能力是指无人机不依赖外界指令和设备的支持,在不确定的环境中仅依靠自身的控制设备完成所规定任务的关键能力,特别是在飞行中发生数据链丢失时,更需要无人战斗机依靠自主控制能力继续完成任务,包括具有一定的在线实施重新规划任务的能力,并自动生成完成任务的飞行轨迹。

目前,美军将无人机的自主控制分为 10 个等级。将远距离遥控的"捕食者"设为 1,"全球鹰"在数据链丢失后,能够根据预编程序自主飞行设为 2~3,X-45C 和 X-47B 可以利用数据链信息共享,实现联合行动,其自主水平有望达到 6,美陆军的无人旋翼机系统在协同行动中自主水平要达到 8~9,具备联合搜寻、目标确认、作战和损伤评估的能力。

1. 指挥控制

目前,大多数 UAV 是按人在回路中控制实现自动飞行的,已投入试飞的预先编程的验证机则具备一定的自主控制能力,可以应急处置突发事件、重新规划机上航路、进行编队协调。

虽然人工智能控制理论和技术的发展较快,但要使 UCAV 真正具备高度的自主行为能力,尚有待微处理器技术和仿生科学取得突破性的成果。

工程界比较一致的看法是要想以自动装置最终替代人来驾驶飞机,它就必须达到甚至超过人脑的思维速度和记忆容量,具有从经验中获得的判断能力。目前,人脑的处理速度已达到 10^8 MI/s,即 10^{14} I/s,记忆容量达 10^9 MB。即便借助光学、生化、量子干涉开关(QIS)和分子处理器等新技术的组合,处理器硬件目前已达到这个指标。

软件算法的进展就不如硬件那么好判断。目前已开发出的许多人工智能算法都有实际应用的限制,对人脑的认知、分析和决策过程还有不少需要深入研究的问题。例如,人脑具有对复杂问题进行简化处理的本领,而要靠机器来实现这一功能,困难就大多了。况且软件的正确性检查也是一件十分复杂的工作,主动控制技术验证试飞计划和目前 UCAV 验证机计划都包含有对机载软件进行运行考验的内容,这是地面仿真所不能替代的。

无人机、有人机和地面控制站之间的协调,需要建立一个互通、交互、监控和执行能力的接口机制,以确保无人机自主控制的有效性和可靠性。美国正在研制一种有人驾驶飞机的飞行员使用英语对无人机进行指挥的软件,用于指挥无人机实施各种精确的战术动作和投弹。

对遥控式无人机来说,要使各军兵种的无人机系统和地面控制站装备联合起来以支持联合作战,一是要进行无人机通用地面站系统的建设;二是要进行互操作性建设,以共享 UAVs 通过通用地面界面获取的实时数据和信息。北约(NATO)于 2002 年正式批准,对 UAV 的互操作性做了五级定义:第一级,无人机相关载荷数据的间接接收/传送;第二级,在无人控制系统与无人机直接通信时,指挥接收情报、监视和侦察(ISR)数据;第三级,除了指挥接收 ISR 和其他数据外,控制和监视无人机的有效载荷;第四级,控制和监视无人机,除了发射和恢复;第五级,控制和监视无人机包括发射和恢复。

此外,无人作战飞机还必须解决自主和半自主着陆能力的问题。美军无人机目前可以依靠 GPS 完成半自主着陆,但也面临着战时 GPS 易受干扰的问题。

2. 通信

目前,无人机的自主控制能力还很有限,一般还要依赖地面控制站的操控,实现无人机的指挥、控制和通信。这就取决于通信链路的安全性、可靠性及有效性,目前较先进的传输方式是光传飞控系统和电动力操纵系统。

通信系统包括数据链和网络两大部分。目前的数据链主要是无线电通道,它适应全天候工作,但传输速率受到频谱和带宽的限制,而抗干扰和安全性要求更会挤占带宽,光学和激光通信链路正在发展中,虽然传输速率、抗干扰能力和安全性有了很大提高,但截获对准、跟踪交互等性能容易受到气象条件的影响。

UAV 的通信先前多是点对点的,到"全球鹰"等高技术 UAV 时已成为混合式,既有点对点通信能力又有经由卫星组网的通信能力。美国到 2016 年底之前,已使每架 UAV/UCAV 都成为"全球信息栅格"(GIG)中的一个节点。依照 UCAV 的作战使用特点,无中心、自组织、具备自修复能力的"自组网"(Ad Hoc 网)是比较合适的,而美国陆、海、空三军都建有这样的网络。美军对军民用资源互补、通信标准化研究与建标等方面都比较重视,再加上联合战术无线电系统等通信装备的发展,可以认为,美军无人作战飞机在通信领域会有合适的解决方案。

(二)自主式智能控制系统

随着军事斗争的需要和航空技术的发展,具有足够智能行为的无人战斗机的作用愈显示出其重要性。这种无人战斗机在动态变化的不确定环境中,只需人的最小介入甚至不需要人的介入就能自主执行各种复杂任务。正如同 18 世纪出现的蒸汽机和各种动力机械代替了人的繁重体力劳动,20 世纪电子计算机在一定程度上代替了人的脑力劳动一样,在 21 世纪,以自主式智能系统(Autonomous Intelligent System)为代表的智能系统将诞生新一代的武器平台——自主式无人战斗机系统。

自主式智能系统的发展虽然仅有十余年,但由于它优异的智能性能和处理复杂环境的能力，已被许多领域视为极有前途的新型技术。目前主要的军事应用有航天星际机器人、地面无人驾驶战斗车辆、战斗机器人等。

一个自主式智能系统具有下列主要特征：

(1) 工作环境复杂。由于自然界属于非结构化环境，除了像地图这样形式化的信息外，系统对具体的环境特性基本上一无所知，而且对即将出现的事件也无法预知。

(2) 行为自主性。只要给出目标指令，系统就能自动地做出任务规划，在规划的驱动下通过多传感器感知周围空间环境的变化，主动地识别、理解客观环境和形势，并通过决策产生一定的行为来实现或接近目标。

(3) 高度智能化。系统包括环境感知、知识推理、规划决策、行动执行等子系统，集成了传感技术、人工智能、并行计算、行为学和计算机软硬件技术等高技术，其组织结构、功能划分及综合调度的能力在一定程度上类似于人的智能系统。

1. 自主式智能系统的体系结构

体系结构的任务就是将感知、规划、决策、行动等各种模块有机地结合起来，从而形成具有一定特色的智能系统，其结构直接关系到系统整体性能的发挥和智能水平的高低。虽然作为一个自主式系统，它与外界的交互过程同人类一样，一般也遵循"感知—思维—行动"的基本规律，但各个模块之间的相对关系不同。根据人类思维的层次模型，这里讨论三种典型体系结构。

(1) 分层递阶式结构。Saridis 在 1979 年提出，智能控制系统必然是分层递阶结构，其分层原则是：随着控制精度的增加，智能能力减少。他根据这一原则把智能控制系统分为 3 级，即组织级、协调级和控制级（执行级）。这是目标驱动的慎思结构，其核心在于基于符号的规划，其思想源于 Simon 和 Newell 的物理符号系统假说。分层递阶结构中两个典型的代表是 SPA（Sense，Plan，Act）和 NASREM。SPA 应用于第一个具有规划功能的移动机器人 Shakey，该机器人控制系统划分为感知（S）、规划（P）、执行（A）3 个线性串联的模块，S 模块处理传感信息、环境建模，P 模块根据环境模型和任务目标进行规划，A 模块执行 P 模块的规划结果，信息按 S—P—A 方向单向流动，无反馈。NASREM 是 NASA/NBS 提出的参考模型并首先应用在空间机器人上，整个系统分成信息处理、环境建模、任务分解 3 列和坐标变换与伺服控制、动力学计算、基本运动、单体任务、成组任务、总任务 6 层，所有模块共享一个全局存储器（数据库），系统还包括一个人机接口模块。它是一个典型的、严格按时间和功能划分模块的分层递阶系统，如图 5.8 所示。

分层递阶结构智能分布在顶层，通过信息的逐层向下流动，间接地控制行为。该结构具有很好的规划推理能力，通过自上而下任务逐层分解、模块工作范围逐层缩小、问题求解精度逐层增高，实现了从抽象到具体、从定性到定量、从人工智能推理方法发展到数值算法的过渡，较好地解决了智能和控制精度的关系，因而获得广泛应用，但这种结构存在的主要问题是由于它仅有最低层的模块能与外界交互，反应性比较差。虽然低层的安排使它具有一定的实时处理能力，但仅限于局部的非智能反应。因为它的智能处理被安排在上层，从传感到动作的产生需要由下至上然后自上而下的往复过程，从而降低了系统的实时反应能力。为了解决这个问题，R. A. Brooks 提出了包容体系结构。

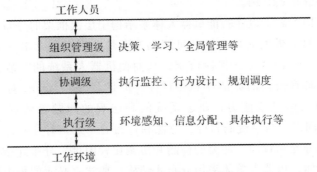

图 5.8　分层递阶式结构

（2）包容式体系结构。这是一种典型的反应式结构，也称为基于行为或基于情境的结构。包容结构中每个控制层直接基于传感器的输入进行决策，在其内部不维护外界环境模型，可以在完全陌生的环境中进行操作。包容结构的模块之间信息流的表示也很简单，反应性非常好，其灵活的反应行为体现了一定的智能特征。其主要特点如下：

1) 按任务和行为分类，可把系统分解为若干个子系统，每个子系统不是某个技术功能模块，而是具有独立完备的对外界环境变化做出反应的行为子系统。

2) 当需要扩大功能时，只要在原有的完备层次上加上新的层次，形成新的功能层。随着层次的增加，高层的执行不仅不排斥低层行为，而且需要低层的配合，即高层的活动容忍而且包含了低层的活动。

3) 层次行为的协调通过阶层控制实现。由于阶层控制仅仅协调每个层次的输出，并不干扰各个层次的内部工作，因此各个层次可以平行并发工作，完成多种任务。这里不存在最终目标的确定，所有层次行为的合成便是最终目标的完成。

包容结构不存在中心控制，各层间的通信量极小，可扩充性好。多传感信息各层独自处理，增加了系统的鲁棒性，同时起到了稳定可靠的作用。但包容结构过分强调单元的独立、平行工作，缺少全局的指导和协调，虽然在局部行动上可显示出很灵活的反应能力和鲁棒性，但是对于长远的全局性的目标跟踪显得缺少主动性，目的性较差，而且人的经验、启发性知识难于加入，限制了人的知识和应用。

（3）分布式多智能体结构。1998年，Piaggio提出一种称为HEIR（Hybrid Experts in Intelligent Robots）的非层次结构。它由处理不同类型知识的3个部分——符号组件（S）、图解组件（D）和反应组件（R）组成，每个组件又都是一个由多个具有特定认知功能的、可以并发执行的Agent构成的专家组，各组件没有层次高低之分，自主地、并发地工作，相互间通过信息交换进行协调，这是一种典型的分布式结构。

分布式结构突破了以往智能机器人体系结构中层次框架的分布模式，该结构中各个Agent具有极大的自主性和良好的交互性，可以独立求解局部问题并与系统中其他Agent通过交互保持协调，从而使机器人系统的智能、行为、信息和控制的分布具有极大的灵活性和并行性。但是，每个Agent对于要完成的任务拥有不全面的信息或能力，缺乏系统的和宏观的问题求解观念，难以保证Agent成员之间以及与系统的目标、意愿和行为的一致，对分散的共享数据和资源缺乏有效的分配和管理，冲突的检测和协调比较困难。分布式结构更多地适用于多机器人群体，机器人单体采用分布式结构，要建立必要的集中机制，因此分布式人工智能（Distributed Artificial Intelligence，DAI）成为目前智能技术的一个重要研究方向。

从问题的求解方式来看，分布式人工智能系统可分为两大类：一类是分布问题求解，即把问题原封不动地分给各个独立的智能子系统求解，仲裁机构选择其中最佳的解答，或采用"加权和"的方式产生结果，这使问题的解答具有高度的可靠性；但这种求解方式的实时反应能力差，适合于在静态或准静态的条件下工作。另一类是多智能体系统（Multi-Agent System，MAS），它的基本单元是智能体（Agent），目前尚无确切的有关Agent概念的定义。在AI领域中，能为广大研究人员所接受的描述是：Agent应是具有某种智能特征、在某一环境中持续自主发挥作用、存在生命周期的计算实体。作为Agent的软硬件系统具有以下主要特征：

1）自主性（Autonomy），智能体可以在没有人或其他智能体的直接干预下工作，并有控制其内部状态和动作的能力；

2）社会性（Social Ability），通过某种智能体通信语言与其他智能体进行交互、协同和合作；

3）反应性（Reactivity），通过GUI、其他智能体、Internet或以上手段的组合了解环境，并及时响应其中的变化；

4）主动性（Pro-Activeness），智能体不是简单地响应环境，而是可以主动采取面向目标的行为。

2. 自主控制系统研究分析

这里讨论自主式智能系统在无人战斗机中的应用。无人战斗机在作战过程中，战场环境复杂多变，在空间和时间上均具有非结构化和非线性化的特征。基于人机一体化思想，这里设计了一个基于多智能体结构的无人战斗机武器控制系统模型，如图5.9所示。

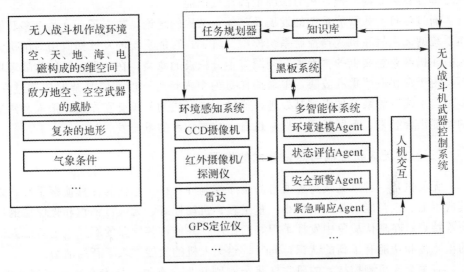

图5.9 基于多智能体的无人战斗机武器控制系统模型

根据一般智能系统"感知—思维—行动"的基本规律，无人战斗机武器控制系统也分为3个基本层次，即环境感知层、评价决策层、行为执行层。

(1) 环境感知层。主要依靠先进的传感器，例如CCD、雷达、红外探测仪、GPS定位仪、姿态传感器等，具有精确度高、环境适应性强、感知范围广等优点。

(2) 评价决策层。系统主动利用环境感知得到的信息建立环境模型，对武器控制系统的运行状态进行评价预测，并根据危险程度做出行为决策。评价决策任务由多智能体和黑板联合完成。环境感知的变化可以看作为事件，黑板根据事件的发生来协调各智能体的工作方式、决定总体对策，使系统转入不同的状态。由于环境事件是随机的离散事件，这种"事件-状态"模型称为离散事件协调模型。其调度原理是：事件由各智能体发现并立即汇报给黑板，黑板的调度推理机根据事件、全局情况、事件状态转换规则决定新的状态，并通过消息通知各智能体在新的状态下工作。事件信号直接参加系统内部调度使得系统具有快速反应能力。

负责评价决策的智能体主要有环境建模Agent、状态评估Agent、安全预警Agent、紧急响应Agent等，各智能体分别根据预定的工作模型对当前的工作状态进行评估预测，一旦判断出某些潜在的危险因素时，及时向武器控制系统发出预警信息，以便武器控制系统能及时采取措施消除安全隐患，紧急响应智能体将自主作出行为决策，直接参与武器控制。

(3) 行为执行层。自主式武器控制的功能最终表现在行为输出上，所有环境感知和判断推理的目的都是为了采取合适的行动。只要有行为命令发出，低层的执行部分就会立即动作，从而保障最高作战效能。

通过对自主式智能系统的发展及其体系结构的讨论，建立了一个基于多智能体系统的无人战斗机武器控制系统模型。自主式智能系统的发展和应用对解决无人战斗机真正意义上的"无人"问题有十分积极的意义，在动态实时的作战环境下，由于存在着严重的威胁，单靠操作员的个人行为不能适应复杂的战斗过程，采用自主式智能系统加强控制处理，通过一定形式的人机交互作用，把人和武器的智能结合起来，无疑是无人战斗机自主控制技术的重要发展方向。

(三) 多无人机控制与定位技术的发展

无人机是一种以无线遥控或自身程序控制的飞机。它作为一种侦察手段，以其成本低、生存能力强、体积小、重量轻、机动性好、无人员伤亡和被俘虏的风险等特点，在现代战争中发挥了很好的作用，并使许多国家的军界人士对无人机的重要性和功能有了新的认识，同时，给无人机的发展注入了新的活力。

有关无人机测控技术的研究在我国刚刚起步，有很多技术有待于研究开发，尤其是多无人机测控系统方面。例如，如何实现一站多机，如何实现多站多机，中继式系统中如何实现一个中继机带多个任务机的控制方式等。这些研究不仅要考虑技术上的实现，而且还要考虑如何方便部队使用，如何更有效地发挥无人机系统战斗力等问题。

1. 多无人机对测控系统的新要求

无人机控制系统有分散体制，也有统一系统；采用的方式有无线电指令控制，或预编程控制，或者两者的结合；定位方法可分为数据线相关和无关技术，相关技术依据现有的或特定的通信数据线附加特征来给出所需的定位特征，无关技术则需要其他系统提供位置。

在战术场合下，无人机远离我方的信号源，接近敌方的干扰机，所以抗干扰技术必不可少。扩频技术具有抗多径特性和相关特性，在无人机系统中能提供较好的测距、定位、通信及制导作用，所以现代无人机多采用扩频技术。另外，采用光纤链路也可以有效地改善任务的灵活性、数据的保密性及抗干扰性。

目前，无人机用的大多数是地基精密跟踪系统，局限于单机作战，而对于实战环境下多个无人机的跟踪与控制是一个比较难于解决的问题。如果同时控制多个无人机，则需要在波束的运动中使每个无人机都保持在波束内。如果受控无人机超出无线电作用范围,则需要采用中继系统以扩大作用范围。对密集编队无人机的控制,要求以高精度测出其间隔和姿态以防止事故和保持要求的飞行图形。

2. 多无人机测控系统的实现原理

多无人机的目标控制一般有两种情况,即一个控制站控制多个无人机或多个控制站控制多个无人机。这两种体制在国外均有研究。在目前实战条件下,最有可能出现的多无人机情况是中继无人机携带任务无人机,以解决战争环境中对扩展通信距离的要求。

(1) 多无人机自动控制系统的终端监控。由于无人机执行任务时间的增加,一个操作员要负责多个无人机,为此,多无人机自动控制系统首先要解决的问题是操作员如何有效地监控无人机系统的所有数据,并解释数据、做出判定。对此,多无人机测控系统的终端监控应具备这样的功能:如果发动机或其他飞行系统出现异常,必须尽早认识到该异常并估测可能的结果;在中继飞行器起飞前,必须考虑与突防飞行器的通信线路,必要时要做出是否终止任务的决定,让所有飞行器返航,或者是派出备用的中继无人机来继续该任务;在返航回收有故障的飞行器时,要提供最短的返航路径;在考虑这些问题及制订最佳方案的同时,还要将所有飞行器的现有数据在有例外的情况下继续进行评估等。

美国陆军导弹指挥部研究发展与工程中心提出了一种专家系统技术。此专家系统原理基于三个条件:①精确的制导,使其定向数据天线精确地指向飞行器;②遥控数据与指令在一个短数字脉冲内发完,这样所有的飞行器可使用一条数据线;③使用该技术的无人机系统均可获得所有的关键参数。该系统具有两层功能:第一,指明要评价的参数以及异常情况下的行动;第二,说明如何评价该参数。例如,通过测量油压及气缸的温度可评价发动机的状况,如果有严重的机械故障在飞行中不能解决,则做出决定将飞行器返航回收。在实现返航之前,首先要申请替换飞机并提出飞机类型(中继或突防)。如果飞行器为突防型,则通过路由设计器获得从当前位置返航的最佳路径,装入导航信息并命令飞行器开始返航;如果飞行器为中继型,在准备离站时,首先要确定受其影响的突防飞机数,并计算出替换中继飞行器到站所需的时间;然后测出每架突防飞机所剩的油料,并估算等待中继机替换所需的油料及完成任务所需的油料。如果油料不足,则指令突防飞机返航,如果油料足够且飞行器未在最佳待机高度,则指令其开始爬升、处于待机状态,接着必须测试飞行器被威胁雷达跟踪的可能性,如果有,则突防飞行器也要返航,如果没有,则其形成待机状态直到替换中继机到站为止。在待机状态下,对发动机、数据线、自动驾驶仪及飞机参数等都要同时进行评价,判断对错,并采取必要的行动等。

(2) 多无人机系统的信号传输与定位。

1) 多无人机系统的信号传输。无人机系统要求宽带宽频线路,所以只能采用在视频路径上通信的高频传输,频率在 1GHz 以上,而且为满足频谱设计规程,频率经常要在 5.52~5.67GHz 或 14.62~15.67GHz 波段内。因此,当无人机通信受地球表面曲率及障碍物(如小山)等因素的影响时,就必须通过在该地区高空配置一个中继无人机来克服。

任务无人机(RPV)一旦发射,它便在地面控制站(GCS)的直接控制之下。在任务无人机飞出地面控制站的范围之前,通信线路必须从直接控制转化为中继传输,这种情况下确保任务无人机在交接中和交接后的控制是很重要的。应该避免采用多频率和不同的空中飞行器进行通信的方式,因为当不同的空中飞行器用不同的频率进行信息传输时,在控制转换中地面控制站就必须改变任务无人机的接收频率。如果通信中继的连续通信不能建立,则将永久丢失对任务无人机的控制。

最好是在一个地面控制站控制下对所有飞行器都用同一个频率信道控制,每个飞行器用一个箭头来标志,而且对每个飞行器是唯一的,带有单独的控制信息,这些信息用一个脉冲串时分多路复用的方式发送。交接时,地面控制站将把任务无人机的信息箭头改为一个由中继接收机识别的新箭头,中继器对信息进行解码,并在再传输之前,将箭头转换为适应于指定的任务无人机的信息,这样,任务无人机接收机(即其频率)没有任何变化。

2)多无人机系统的空中定位。中继系统下的无人机定位可使用 GPS 系统。GPS 接收机可安装在两个任务无人机上,但载荷负担的限制使这种定位方案难以实现。比较好的方法是采用现有的通信线路,以类似于单无人机定位的方法来实现。以下是两种比较典型的定位方案。

一种是采用三角方法来确定任务无人机的位置。其优点是只需进行两次距离测量,不需要方位测量;其直接的缺点是需要两个中继无人机,而且要利用距离/方位测量技术在地面控制站确定每个飞行器的位置。地面控制站必须接收来自一个方向的传感器数据,同时又能与不同方向的第二个中继机进行通信,这意味着地面控制站要使用两个天线或一个多波束天线。所获得的定位精度将取决于两个中继机之间的基线长度,这可能会限制有效飞行器的操作范围。

另一种定位方式是只采用一个中继无人机,其位置由距离和方位确定。地面控制站只在一个方向进行通信,它需要进一步建立任务机相对中继机的距离 r_2、中继方向 θ_1 和任务机相对中继机的方位角 θ_2 等三个参数,方可确定任务无人机的位置。

3. 多无人机系统的信息传输原理

多无人机系统由任务机(ADT)、中继机(APR+ADT)和地面站组成。地面站又分为主控站(GDS)、机动站(MCS)和单收站(RVT)三种。主控站和小型机动站可以分别独立地完成对无人机跟踪和测控任务。中继无人机系统可对距离 400~600 km 的无人机进行遥控、遥测、侦察视频信息的传输，以及对无人机的跟踪定位。在近距离条件下，不需要中继无人机，地面站就可以直接对任务无人机进行跟踪和测控。地面单收站布于前沿，仅用于接收中继机或任务侦察信息和遥控数据。

系统采用扩频"四合一"测控与信息传输体制，即上行遥控指令先加密，然后采取直接序列扩频的上行传输，下行图像数字化压缩与遥测复合共用信道传输，直接接收下行宽带信号进行单脉冲跟踪测角，综合利用上行遥控信息和下行图像遥测信息帧进行测距。另外，地面站与无人机之间，上行链路还备有 UHF 备用通道。地面站将控制中继机和任务机的遥控指令，由终端处理机编码、加密、扩频后，通过遥控发射机发往中继机或任务机，中继机接收到地面站发来的上行遥控信号，经过放大、解扩、解调后，取出中继机遥控指令送往中继机飞控计算机，同时将任务机的遥控指令通过机载中继数据终端发往任务机。任务机将侦察信息数字压缩与遥测复合，经图像遥测发射机发往中继机，中继机接收到任务机发来图像和遥测数据后，与中继机遥测数据复合，通过机载数据终端发往地面，机动站进行直接处理和显示。地面站通过计算地面到中继机的距离和方位及中继机到任务机的距离和方位实现对任务机的自主辅助定位。

第三节 对无人机的预警探测

无人机在历次信息化局部战争中的出色表现，促使世界各国掀起了发展无人机的热潮。无人机的迅猛发展及战场上的大量使用，将对未来战争和军事行动产生重大影响。美国陆军将无人机列为五大威胁平台（固定翼飞机、无人机、弹道导弹、巡航导弹和直升机）中最具破坏力的空中威胁之一，认为无人机将对作战全过程构成威胁。可以断言，在未来的空袭作战中，无人机的实战应用必将更加广泛。因此，研究对无人机的预警问题，对于有效抗击无人机，确保防空作战的胜利具有重要意义。

（一）预警系统探测无人机目标的难点

1. 外形独特，体积小巧，雷达截面积小

无人机由于去掉了显示系统、弹射座椅和其他与人有关的设备，使得机体尺寸比有人机小了很多。典型的大型无人机的尺寸仅相当于美军现役 F-16 战斗机的 40% 左右。这样无人机的外形和横截面就有较大的设计自由度。精巧设计的外形可以有效降低雷达的反射截面积。再加上无人机普遍采用了隐身措施，使得飞机具有很强的隐身性。例如，美军的"捕食者-B"无人机的机身除主梁之外，全面采用了石墨合成材料，并对进出气口和卫星通信天线做了特殊设计，其雷达反射面积仅为 0.1 m²，因而它的暴露率几乎呈几何级数减小。与此同时，无人机还有一个极为突出的特点，即不受人为因素（如过载因素）的制约，可以通过超加速升降、倒飞、急转弯飞行等方式来增加隐蔽性。

2. 起降简单，多向突防，早期发现难度大

无人机的起飞方式虽然多种多样，但归纳起来主要有以下几种：短距起飞、垂直起飞和由其他飞行器携挂抛射。短距起飞包括短距滑跑起飞、滑轨式滑动起飞、助飞火箭推动起飞等方式。由于无人机体积小、质量轻，其滑跑距离要比有人机短得多，要求也不像航母起降甲板那样严格；而垂直起飞则包括固定翼垂直起飞、旋翼式垂直起飞等，较之短距起飞则更加灵活方便；使用其他飞行器携挂抛射是无人机由母机载带升空，到投放区后脱离挂架，空中启动发动机（或助推火箭），开始执行任务，具有发射隐蔽性高的特点。正是由于无人机对起降场所的要求很低，才使得无人机可以灵活地选择发射地点，不仅可以在距离战区前沿构筑简易发射阵地发射升空作战，而且还可灵活快速从多个方向，由高、中、低空同时突防，从而使敌方预警系统的反应时间缩短，早期预警难度增大。

（二）预警系统探测无人机目标的技术对策

1. 发展无源探测装备，增强对无人机电磁信号的截获能力

无人机系统需要有安全且可靠的内部之间和跨战区的通信能力，这样才能保证无人机及时地将收集到的信息传输到后方指挥员，甚至远程用户。例如，美军 RQ-1A"捕食者"无人机上安装有两个数传系统，一是 C 波段数据链路系统，这是一种视距内通信的模拟式数传系统。该链的频域为 5.250～5.858 GHz，通信距离为 270 km 左右。二是卫星数传系统，这是一种超视距卫星中继数传系统，包括两种方式：一种是特高频卫星链路，用于控制和提供无人机工作状态报告，每隔 10～60 s 向地面站传输一幅静止图像；另一种是 Ku 波段卫星链路，只要无人机处于卫星天线发射信号的覆盖范围内，即可实时传输无人机探测到的高清晰度目标信息图像。除了这两套数传系统，RQ-1A"捕食者"无人机还装备了机载"特萨"合成孔径雷达，工作在 X、L 和特高频三个频段。这些机载设备向外界辐射出大量的电磁波。因此，研制和使用无源探测技术和无源装备，以截获无人机发射的电磁信号，对无人机目标实施定位，就能够非常有效地解决无人机目标雷达截面积小、难以发现的困难。

2. 研制高灵敏度雷达，增强对无人机的预警能力

无人机是一种小型低可探测性的目标，研制和发展新体制、高灵敏度雷达来

解决这类目标的探测问题，将可有效提高对无人机探测的能力。这些高灵敏度雷达通常包括先进的单基雷达（宽频带/超宽频带雷达、超视距雷达）、双/多基地雷达、毫米波雷达、超高距分辨率雷达、合成孔径/逆合成孔径雷达、多功能相控阵雷达和激光雷达等。如美国的 FSP-108 相控阵雷达（BT 达 10^4），足以使 RCS 减弱 30dB 的低可观测目标失效而成为可观测到的目标。多基地雷达还可充分利用无人飞行器散射雷达波信号的空间特征，接收无人飞行器的侧向或前向散射雷达波信号，达到探测无人飞行器的目的。理论和实践证明，当目标散射角大于 130°时，目标的雷达截面积会明显增加。

3. 改善现有雷达的性能，提升对无人机的探测能力

通过嵌入技术或更换模块技术，可以实现雷达装备的技术功能拓展，改善现有雷达的性能，扩大雷达探测范围。例如：用大时宽脉冲压缩技术提高雷达的发射功率；用功率合成技术来提高弱回波合成能力；用动目标显示技术提高动目标分辨力；用数字滤波、电荷耦合器件、声表面滤波器和光学方法等先进技术来提高信号处理能力；用扩频技术、低旁瓣或旁瓣对消、窄波束、置零技术、多波束、极化变换、伪随机噪声、恒虚警电路等技术，来提高雷达的抗干扰能力，进而提高雷达的探测性能。改善现有雷达性能，还须注重科研院所、院校、厂家、部队的结合，增强现有雷达的实用性。科研院所与院校有着优越的科研设施条件、丰富的技术、人才资源；厂家是装备的生产、改造、革新基地，有着雄厚的硬件生产技术力量；部队是军事斗争的实体，有一定的战术、战法研究基础。各单位互相协作，共同参与，形成合力，挖掘现有装备的潜力，开发与改革现有装备的功能，为其注入科技与战术含量，从而提高反无人机目标的实战性。

4. 研制双（多）站雷达系统，增强对隐形无人机的探测能力

自从飞行器的隐形技术发明以来，已经有许多不同的系统被宣称为"隐形技术杀手"，而双站雷达系统就是其中的典型代表。

双（多）站雷达系统与常规雷达系统的不同之处在于它是把雷达的接收器和发射器分别置于具有一定距离的两个不同地点。常规雷达系统信号的强度是按四次方反比定律规律衰减的，这将导致接收到的信号强度比发出时衰减 4 倍。而双（多）站雷达通过把发射器与接收器放置在不同地方解决了信号强度衰减的问题。双（多）站雷达的发射器和接收器之间的链路增强了其信号的强度，这使双（多）站雷达具有了更高的敏感度，它实际上发挥了一种相当于雷达绊网的作用。

有消息源称，双（多）站雷达系统将使目标在雷达上的有效横截面扩大近 3 倍，并使可能分散雷达波的任何反雷达涂层不起作用。双（多）站雷达信号塔具有相对低的电力消耗，而且它们发散的能量也没有常规雷达那么多，从而使它们

不易受到反辐射武器的攻击。这种分布式的特性还使得雷达系统可以在某个节点停止工作时继续保持运行,尽管精度会受到一些影响。双(多)站雷达的局限性包括探测高度低等。

(三)预警系统探测无人机目标的战术要点

1. 前伸部署,尽早发现

前伸部署,尽早发现,是指将预警系统尽量部署在距离敌无人机发射区域较近的位置,从而在预警时间上尽可能超前,在预警空间上尽可能扩大,以形成对无人机的早期预警能力。

一是固定陆基预警系统前伸部署时必须根据不同雷达的用途、特性、战技性能,分层把关,充分发挥各种雷达的优势,扩大雷达探测纵深,实现对无人机目标有效的检测和跟踪。使用工作在米波波段的远程相控阵雷达和超视距雷达来扩展预警系统的探测纵深,利用我国海岸线长、沿海岛屿众多、分布较广的有利地形,部署无源雷达、多功能相控阵雷达和激光雷达、超高距分辨率雷达、合成孔径/逆合成孔径雷达等进行远程预警的中、近程的接替探测,形成远、中、近程防空雷达网络结构,以构成对无人机坚固的搜索、监视体系。

二是充分利用机动平台前伸部署预警系统。首先,空基预警系统强大的机动能力,可以有效地将预警系统前伸至距离敌人很近的地域实施侦察。特别是使用无人机深入敌占区域侦察或是在敌方可能发射无人机的区域上空进行警戒,能够较早地发现敌无人机的动向,甚至能够发现敌无人机的发射和控制平台。其次,利用舰载雷达前伸预警系统,构筑一道移动的海上预警网。我国各型驱护舰都装备有警戒雷达和侦察雷达,有的主动雷达已经具备了探测有效反射面积在 1 m^2 以下目标的能力,这些舰载雷达所构成的预警系统时刻处于移动过程中,且具有火力打击能力,因此,可以作为预警系统的机动前伸部分,增加对无人机的预警时间。

2. 多种手段,立体探测

多种手段,立体探测,就是综合运用多种侦测手段,从多个方位和角度对无人机目标实施预警探测,形成陆、海、空、天、电一体化的立体探测模式,在探测距离上远近衔接,在探测空域上高低错落,彼此对照参考、相互补充印证,消除由于使用单一探测手段所产生的探测盲区,使预警系统能够及时、准确、连续地发现、识别并跟踪无人机目标。例如使用多波段雷达、双基/多基雷达、预警机、系留气球、无人机、光电探测仪等共同探测,甚至可以包括大量使用热像仪的人工观察哨。而且要充分发挥空中探测平台在探测手段和探测空间上的优势。

目前，空间卫星、预警机、气球、飞艇等空间探测平台装备的下视雷达可以使探测范围成倍增加，例如一架 E-3A 预警机的探测范围，就相当于 30 多部地面雷达的探测范围。而且，外军研究结果表明，预警机、先进战斗机上装备的下视下射雷达、红外搜索与跟踪装置相互弥补，能发现低可探测飞行器的航迹及其在地面背景中的运动，因此，由固定翼飞机和浮空器所组成的预警系统对无人机探测具有最佳效费比。美国在本土防空预警中，为了能有效提高无人机之类的低可探测目标的探测概率，就应用了远程三坐标警戒雷达、低空补盲雷达、二坐标雷达、后向散射超视距雷达、海岸警戒雷达和预警机、空中飞艇、无人机、预警卫星等多种手段。

3. 密切协同，情报共享

密切协同，情报共享，是指预警系统内的各个信息源获取的无人机目标信息直接传送或综合后再传送给系统内的其他信息源，实现互通有无、互相补盲、互相指引、互相印证、互相校正，可以使预警网的各个信息源都能观察到整个网系所能观察的情报。①建立无人机目标信息综合处理中心。固定陆基雷达站、舰（船）载机动站、空中探测平台、外层空间站将各自录取的无人机目标信息数据或按要求处理过的数据传递到综合处理中心，综合处理中心对目标信息进行数据对准、数据互联、状态预测与综合处理后存储于数据库中，并建立完整的战区与战场空情图与态势分析，对无人机目标进行统一的识别、分类、危险评估并制定防御策略，并按照一定的筛选程序，把至关重要的、十分紧迫的无人机目标信息自动快捷地提供给预警系统内的每位用户。②应尽量以光纤、卫星、移动通信和宽带综合业务数字网为依托，组建以数字化通信为核心，多方式结合，覆盖整个预警系统的多路径、无缝隙传输网，缩短预警系统对无人机目标的反应时间。③构建"扁平网状"的情报报知关系。完善从总部到信息源的纵向情报传递关系；构建在同一地区的陆、海、空、民各预警系统的横向情报报知关系；确定越级情报报知关系，实现战役层次上的指挥所与探测无人机骨干装备之间的直接报知关系，并能根据需要随时越级调用其他探测装备的情报，增强时效；实现信息获取单元与火力打击单元的直接保障网络。④充分发挥地方人民防空组织的作用，实现军地之间信息共享。

未来战场上，无人机作为新一代的侦察和火力打击的"撒手锏"武器，不仅给预警系统提出了更大的挑战，也对我国国土防空构成了越来越大的威胁，但历史经验告诉我们，没有哪一种武器能长期无敌于天下。可以肯定，随着无人机技术的不断发展，针对无人机的雷达探测技术必将获得迅速突破，并带动预警探测系统战术手段的更新与发展，无人机探测与反探测二者之间的对抗正成为当今军事发展的一个新焦点。

第四节 无人机航迹规划 SAS 算法优化研究

一、算法的基本流程

航迹规划就是寻找从发射点到目标点之间，满足使其代价函数最优的飞行航迹中航路关键点的地理坐标。对无人机或反辐射无人机（巡航导弹、反辐射导弹）进行航迹规划最常用方法之一是 SAS 算法。

在进行航迹规划之前，通过对地形障碍或禁危区数据进行预处理的方式，将对可能出现的误差进行回避，从而确保规划得到的航迹的实际可行性。

航迹规划程序首先根据无人机的飞行高度从地理信息数据库中读取规划时可能用到的等高线数据。例如，某无人机的飞行高度为 1 000 m，则可以认为高度低于 1 000 m 的地形对无人机的飞行没有影响，因此可以仅从地理信息数据库中读取 1 000 m 等高线的数据，从而减少了大量的规划数据，对提高规划速度有显著作用。图 5.10 所示为基于地理处理的航迹规划流程。

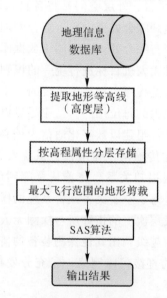

图 5.10　基于地理处理的航迹规划流程

二、基本算法

当已知初始点坐标、目标点坐标和无人机的最大航程时，飞行器的最大飞行范围是一个经过旋转的椭圆。

(1) 求解全部航迹关键点：放飞后到达起始段终点，低空突防段各航迹关键点，执行对目标点的任务后折返，返回期间低空突防段各航迹关键点，着陆。

(2) 求解起始段终点 A：起始段是无人机靠助推火箭发射后的姿态调整阶段。由于该阶段无人机的各种状态尚不稳定，因此进行规划的意义不大，只需要沿初始发射方向计算出无人机起始段终点。

由于无人机发射之后的姿态、航向都存在较大的偏差，因此，需要一定的时间来调整飞行的姿态和航向，在这段时间内无法插入航迹点。

按照无人机的性能参数，可以得知无人机进入预定飞行状态需要的时间和飞行的距离。于是，就可以以无人机的发射方向作为初始方向，将初始段的调整距离作为航迹段长度，根据 Bowring 公式及当前无人机发射载体平台所在的位置，可以直接计算出第一个航迹关键点的坐标位置。

三、航迹规划 0.618 优化算法

(一) A * 搜索算法

传统的 A * 算法进行规划时，通常将规划环境表示为网格的形式，通过预先确定的代价函数寻找最小航迹。但它对当前位置的每一个可能到达的网格单元计算代价，然后选择最低的网格单元加入搜索空间来探索。从理论上说，对于规划空间中的每一个网格单元，航迹都能从任意方向通过，因此一个单元网格可能代表 A * 搜索空间中几乎无数个节点。实际应用中，在扩展节点时一般只对邻域中的网格点进行扩展。图 5.11、图 5.12 分别表示节点 P 的 8 临域扩展和 16 临域扩展。

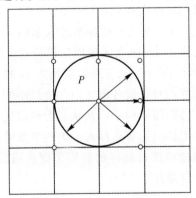
图 5.11　节点 P 的 8 临域

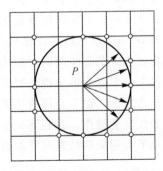
图 5.12　节点 P 的 16 临域

目前国外在无人机航迹规划方面的许多应用都是依靠 A * 搜索算法来实现的。A * 搜索算法最重要的环节是设置正确的启发函数。启发函数是由起始点到当前节点的实际代价函数值与从当前节点到目标点的估计代价函数值加权计算得

到的,它的计算经常需要依赖于启发信息,而最简单的启发信息是预先指定若干个必经航迹关键点。A*搜索算法就是在每一次迭代中选择搜索空间中启发函数值最小的节点进行扩展。它通过从起始节点出发,不断找有希望以最小代价通向目标点的节点,并优先扩展这些能够使启发函数值最小的节点,从而形成一个节点集,于是集合内特定一些节点的有序连接即为所求的最优航迹。A*搜索算法的代价函数形式为

$$f(x) = a\,g(x) + b\,h(x) \tag{5.1}$$

其中:$g(x)$表示从起始位置到当前位置x的真实代价;$h(x)$表示从当前位置到目标点的预计代价;a和b代表对真实代价和预计代价的加权值,一般取值为1。A*搜索的每一步扩展都将选择最小的$f(x)$的节点插入可能的路径链表中。能够证明,只要从x到目标点的真实代价总大于或者等于预计代价,A*搜索算法就能找到一条最优的路径。

(二) SAS 搜索算法

由于在起源于机器人的 A*搜索算法中,每一个新产生的节点都代表了几乎无穷多条无限细分可能的路径,因此,它也将占用大量的运算空间和时间。为了压缩 A*搜索算法的搜索空间,加快算法的收敛速度,节省磁盘空间,2000 年,Robert J. Szczerba 等人提出了改进 A*搜索算法的稀疏 A*搜索算法 (Sparse A* Search,SAS)。SAS 算法与 A*算法的代价函数具有相同的形式。稀疏 A*搜索算法将每个节点可能的扩展空间划分为若干个子空间,并且只从每个子空间中选取一个节点存储,这就从很大程度上压缩了原来的搜索空间。这样的处理使得待扩展节点的分布变得稀疏了,因此也叫作稀疏处理。

设无人机最小步长为 L,最大转弯角为 θ,并已知初始的进入航向,则由当前位置搜索下一位置的区间被限制在角度为 2θ 的扇形区域内。再将这个扇形区域划分成 m 个子扇形区,计算每个子扇形区内与当前节点的距离为 L 的节点矢量的代价。为了节省空间同时加快收敛速度,只保留各扇区内代价最小的节点。

将这3个节点存入为待扩展节点设计的存储结构中,并从其中移出代价最小的节点作为新的当前节点进行扩展,同时把移出的节点存入已扩展节点的存储结构中。如此反复操作,直到下一个节点到达或接近指定的航迹关键点或目标点。再由当前节点逆向后推就可以得到最小代价路径。

(三) 搜索节点的扩展计算

SAS 算法及其 0.618 算法最大的特点在于它的存储结构与算法本身能够很好地配合,其存储结构主要包括两个方面。第一,采用最小堆(Min - Heap)的数据结构来保存搜索空间中的待扩展节点;第二,采用 SAS 树(SAS Tree)的

数据结构来保存所有已扩展节点所组成的可能路径。图 5.13～图 5.15 所示为三种搜索方式。

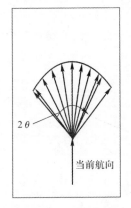
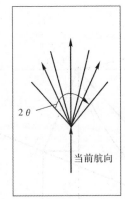
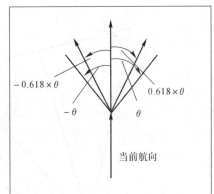

图 5.13　A*搜索方式　　图 5.14　SAS 搜索方式　　图 5.15　0.618 法搜索方式

SAS 搜索算法通过扩展最小堆中节点的方式来生成搜索树。因此需要对 SAS 搜索算法的节点扩展计算进行讨论。

假定无人机侧向机动的所有转弯都采用协调转弯，协调转弯公式为

$$\dot\psi = \frac{g}{v}\tan\gamma$$

式中：ψ 为航向角，是无人机飞行速度矢量在地平面上的投影与地面参考轴之间的夹角；v 为无人机的飞行速度；γ 为滚转角。并且有

$$\dot\psi = \frac{v}{R_H} = \rho_H v \tag{5.2}$$

式中：ρ_H 为无人机的转弯曲率。将两式联立求解，可得

$$\rho_H = \frac{g}{v^2}\tan\gamma$$

从上式知，当飞行速度一定时，转弯曲率由滚转角决定。由于无人机在低空突防飞行时速度大小的变化一般不大，因此可以认为飞行速度为定值。假定无人机的最大滚转角为 $\gamma_{\max}$，将滚转角离散化为 5 个离散值，即 $\gamma = 0$，$\pm 0.618\gamma_{\max}$，$\pm \gamma_{\max}$ 中，与之对应的 5 个转弯曲率为

$$\rho_H = 0,\ \pm\frac{g}{v^2}\tan(0.618\gamma_{\max}),\ \pm\frac{g}{v^2}\tan(\gamma_{\max})$$

在航迹搜索树生成过程中，取转弯曲率为搜索控制变量，采样周期为 Δt。这样对于给定的父节点，根据其坐标 (x,y) 和航向角 ψ，对应于不同的搜索控制变量转弯曲率可以求出其子节点的位置坐标 (x,y) 和航向角 ψ。以此类推，就可以生成航迹搜索树。

下面是以任意两个节点 O 为父节点，P 为其子节点，推导其扩展方程。O，P 之间的几何关系如图 5.16 所示。

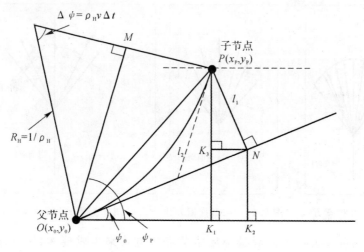

图 5.16　父节点与子节点的位置关系

首先，容易证明：$\triangle OMP \cong \triangle ONP$，于是

$$l_1 = PM = R_H - R_H \cos\Delta\psi = \frac{1}{\rho_H}(1 - \cos\Delta\psi)$$

$$l_2 = OM = R_H \sin\Delta\psi = \frac{1}{\rho_H}\sin\Delta\psi$$

$$x_P = OK_1 + x_0 = OK_2 - K_1K_2 + x_0 =$$
$$\quad OK_2 - NK_3 + x_0 = l_2\cos\psi_0 - l_1\sin\psi_0 + x_0$$

$$y_P = K_1P + y_0 = K_2N + K_3P + y_0 =$$
$$\quad l_2\sin\psi_0 + l_1\cos\psi_0 + y_0$$

$$\psi_P = \psi_0 + \Delta\psi = \psi_0 + \rho_H v \Delta t$$

写成矩阵形式，即

$$\begin{bmatrix} x_P \\ y_P \\ \psi_P \end{bmatrix} = \begin{bmatrix} \cos\psi_0 & -\sin\psi_0 & 0 \\ \sin\psi_0 & \cos\psi_0 & 0 \\ 0 & 0 & 1 \end{bmatrix} \begin{bmatrix} \frac{1}{\rho_H}\sin(\Delta\psi) \\ \frac{1}{\rho_H}(1 - \cos(\Delta\psi)) \\ \rho_H v \Delta t \end{bmatrix} + \begin{bmatrix} x_0 \\ y_0 \\ \psi_0 \end{bmatrix} \quad (5.3)$$

可以证明，只要从当前节点到目标点的真实代价总大于或者等于预计代价，A*搜索就能找到一条最优的航迹，但是有研究表明，当在理想航路上出现大面积遮挡时，搜索算法很可能在遮挡物前进行大量反复的搜索，即陷入局部最优，虽然从理论上讲算法最终是能够摆脱局部最优的，但在此过程中会浪费大量计算

资源,这种现象严重时可能将系统资源耗尽而无法完成规划。采用 0.618 优化的 SAS 算法就可避免这种情况的发生,如图 5.17 所示。

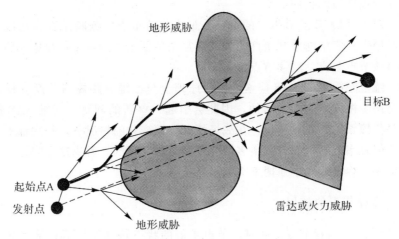

图 5.17 优化的 SAS 搜索航迹规划示意

四、三维规划

SAS 算法主要是一种水平规划算法,但其原理也可以扩充到三维高程规划之中。三维高程规划主要包括高程规划的基本步骤和节点扩展规则两个方面。

在高程规划中运用 SAS 算法与在水平规划中运用在原理上并没有本质区别,都是根据代价函数的不同在搜索空间中选择不同的节点扩展顺序,在存储结构上也使用最小堆和 SAS 搜索树。

与水平规划时相同,三维 SAS 搜索也将每个待扩展节点的可扩展区域划分为几个子区域,并且只保留每个子区域内代价值最小的节点。当前节点的扩展有以下 5 个步骤。

(1) 根据飞行的当前方向构造当前节点的待扩展区。水平剖面扇形大小为导弹最大转弯角的两倍,并以进入当前节点时的航向在水平面上投影的方向为对称轴。垂直剖面扇形大小为最大爬升角和最大下滑角之和。待扩展区是球面上的一部分,半径长度为最小步长 L。

(2) 分割待扩展区。在垂直剖面内选取 M 个不同的方向,得到 M 个两倍最大拐弯角大小的水平扇面。然后把每一个水平扇面分为 S 个扇区,这样就将待扩展区域分为 $S \times M$ 个扇区。S,M 的值越大,找到满足要求的航路的概率就越大,但同时内存要求和收敛时间也相应增加。

(3) 对待扩展区域中的每一扇区,采取与第(2)步分割待扩展区域相同的方法将其分为若干个子区域,其中心点作为待扩展节点,子区域的划分精度由航路规划系统的搜索精度决定。

（4）计算每一个待扩展节点的代价，在每个待扩展区域中选出其中代价最小的节点作为该区域的扩展节点。

（5）对第（4）步计算得到的每一个最小代价节点，判断是否满足最大距离和飞行高度等搜索空间限制条件，如果满足条件则插入到最小堆数据结构中，否则直接将该节点舍弃，后续节点不再扩展。

在三维空间中进行 SAS 搜索，虽然原理上与二维航路规划并没有较大的差异，但是由于搜索空间大大增加，因此会引起一些新的问题。三维 SAS 搜索完成一次最优搜索的时间比较长，在战场情况频繁变化的情况下，每次都进行重新规划，不但效率低下，而且在很多情况下是无法实现的。解决这个问题，应主要从优化数据结构设计和增强搜索空间限制条件入手。

五、高程节点的扩展

在进行 SAS 高程节点扩展时，节点扩展的状态转移往往不只是单纯地在水平方向和垂直方向上进行，而经常是既有水平方向的状态转移又有垂直方向的状态转移。

高程节点扩展的状态转移既包含了水平方向的状态转移又包含了垂直方向的状态转移。在这种情况下，通常的做法是先计算水平面内或垂直面内的节点扩展方程，然后通过旋转得到其他节点的扩展方程。

1. 法向过载系数

无人机在飞行中所受的外力主要有发动机推力、重力、空气动力、惯性力等，它们的合力使得无人机向前运动，合力的方向就是无人机速度的方向，由此产生了速度坐标系和机体坐标系 2 个坐标系，如图 5.18 所示。

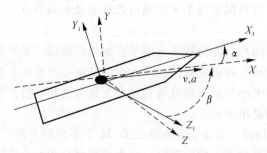

图 5.18 速度坐标系与机体坐标系（原点重合；α 为攻角，β 为侧滑角）

2. 过载系数

过载系数指无人机所受表面力的合力与无人机质量在地面所产生的重力值之

比。即

$$n = \frac{\sum F}{|mg_0|} \quad (5.4)$$

表面力的合力是矢量(有方向的量),而地面重力值是标量(无方向的量),因此过载系数是矢量,其方向与合力的方向一致。

在计算无人机的结构强度时,常常需要把过载系数分解投影到机体坐标系上,就形成了轴向过载系数、法向过载系数、横向过载系数。

$$\begin{Bmatrix} n_{x1} \\ n_{y1} \\ n_{z1} \end{Bmatrix} = \begin{bmatrix} \cos\alpha\cos\beta & \sin\alpha & -\cos\alpha\sin\beta \\ -\sin\alpha\cos\beta & \cos\beta & \sin\alpha\sin\beta \\ \sin\beta & 0 & \cos\beta \end{bmatrix} \begin{Bmatrix} n_x \\ n_y \\ n_z \end{Bmatrix} \quad (5.5)$$

以先计算垂直平面为例,无人机在垂直平面内运动(速度坐标系)时,其法向过载系数 n_y 和垂直运动的曲率 ρ_v 之间存在如下关系:

$$\rho_v = \frac{n_y - 1}{v^2} \cdot g$$

式中:g 为重力加速度。由上式可见,当速度 v 一定时,过载系数 n_y 决定了无人机垂直运动轨迹的曲率。采用与水平计算时相同的方法,可以得到高程节点扩展时,在垂直平面内从父节点到子节点的扩展方程

$$\begin{bmatrix} l_{k+1} \\ H_{k+1} \\ \theta_{k+1} \end{bmatrix} = \begin{bmatrix} \cos\theta_k & -\sin\theta_k & 0 \\ \sin\theta_k & \cos\theta_k & 0 \\ 0 & 0 & 1 \end{bmatrix} \begin{bmatrix} \frac{1}{\rho_v}\sin(\rho_v v \Delta t) \\ \frac{1}{\rho_v}(1-\cos(\rho_v v \Delta t)) \\ \rho_v v \Delta t \end{bmatrix} + \begin{bmatrix} l_k \\ H_k \\ \theta_k \end{bmatrix} \quad (5.6)$$

其中:l_k 为节点 k 处无人机沿航路纵向的飞行距离;Δt 为采样周期;H_k 为节点 k 对应的高度;θ_k 为节点 k 处无人机到达下一个节点位置所采用的倾斜角。

六、三维规划的优化

0.618 法的三维高程规划比较简单,也包括高程规划的基本步骤和节点扩展规则两个方面。

在高程规划中运用 0.618 算法与在水平规划中的运用在原理上并没有本质区别,都是根据代价函数的不同在搜索空间中选择不同的节点扩展顺序,在存储结构上也使用最小堆和搜索树。

与水平规划时相同,三维 0.618 法搜索只保留每个子区域内代价值最小的节点。当前节点的扩展有以下 4 个步骤。

(1) 根据无人机飞行的当前方向构造当前节点的待扩展区。水平剖面扇形大小为无人机最大转弯角的两倍,并以进入当前节点时的航向在水平面上投影的方

向为对称轴。垂直剖面扇形大小为最大爬升角和最大下滑角之和乘以 0.618、0.382 或 0.5。待扩展区是球面上的一部分,半径长度为最小步长 L。

(2) 分割待扩展区。在垂直剖面内选取 3 个不同的方向,得到 3 个两倍最大拐弯角大小的水平扇面。然后把每一个水平扇面分为 3 个扇区,这样就将待扩展区域分为 3×3 个扇区。

(3) 计算每一个待扩展节点的代价,在每个待扩展区域中选出其中代价最小的节点作为该区域的扩展节点。

(4) 对第 4 步计算得到的每一个最小代价节点,判断是否满足最大距离和飞行高度等搜索空间限制条件,如果满足条件则插入到最小堆数据结构中,否则直接将该节点舍弃,后续节点不再扩展。

0.618 法高程节点扩展与 SAS 高程节点扩展方法相同。

第六章
激光武器防御

第一节 激光武器系统发展概况

一、激光武器的优点

激光武器又称激光炮,它是利用激光束携带的巨大辐射能量直接攻击和杀伤目标的一种定向能武器。按其功率大致可分为低能激光武器和高能激光武器。二者的结构组成基本相似,但指标要求有区别。低能激光武器的主要攻击目标是人员、指挥控制系统和武器系统中的光电传感器,飞机、战术导弹等。其作战方式主要是干扰与致盲,因此低能激光武器对输出功率、光束亮度、光束质量等技战术指标的要求都相对较低。高能激光武器的主要用途是反卫星、反弹道导弹等,其具体技战术指标要求很高。激光武器按运载平台又可分为天基、机载、陆基、舰基激光武器。

激光是 20 世纪 60 年代的重大科技发现之一。所谓激光就是利用光能、热能、化学能或核能等外部能量来激励物质,使其发生受激辐射实现的光放大而产生的相干光束。激光与一般光的不同之处在于它的单色性好、相干性好、发散角极小且容易聚焦成一小光斑使其方向性好、亮度极高(He－Ne 激光的谱线亮度比太阳光大数亿倍)。

激光武器以光束作战的迅速反应能力和外科手术式杀伤的作战方式及特别适合于反卫星和破坏敌方信息系统等阻止敌方获取信息的能力,成为适应 21 世纪信息化战争、具有划时代意义的新一代主战兵器。

低能激光武器已于 20 年前开始运用于实战之中。其作战使命,一是非致命性杀伤,例如用激光武器照射飞机座舱,可造成飞行员精神紧张,甚至使飞行员眼睛致盲或产生眩目而失去战斗能力;二是用来有效对付光电监视、光电侦察和使导弹导引头中的光电敏感器件失灵;三是用来攻击空中预警机、指挥控制舰和陆上指挥所一类的指控系统。而主要用作硬杀伤的高能激光武器,其作战使命是摧毁卫星、弹道导弹、指控系统等一类战略目标,其中战术高能激光器已可用于近程导弹防御(如图 6.1 及图 6.2 所示)。

指挥信息系统安全防护技术

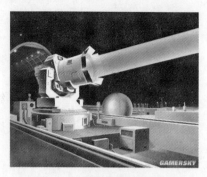

图6.1 中国死光A激光炮　　　　图6.2 美军"激光复仇者"激光炮

现在已投入实战应用的激光武器有英国的舰载激光眩目照射器和俄罗斯的"基洛夫"级巡洋舰上的激光武器系统。1982年的英阿马岛之战，英国成功地使用激光眩目照射器照射飞机，迫使阿根廷一架MB339战斗机的飞行员放弃了攻击英国"亚尔古水手"号护卫舰的作战。1984年10月10日，美国"挑战者"号航天飞机在第13次任务飞行中，受到苏联萨雷沙甘激光试验靶场百万瓦级二氧化碳Terra-3激光器以低功率的跟踪，激光束由5N24Argun相控阵雷达定向，致使"挑战者"号发生故障，操作人员感到不适，引起了美国的正式外交抗议。1987年，在苏联"基洛夫"级巡洋舰附近的美国侦察机飞行员曾被舰上的激光武器照射而致眩。

激光武器有着其他武器无可比拟的优点。它具有 30×10^5 km/s 的光束速度，是世界上速度最快的武器，而目标的速度与其相比几乎可以忽略不计，因此它不需要提前量；光束遵循直线传播规律，实现了光学瞄准轴与射击束的严格同轴，具有极高的打击精度；激光束没有惯性，因此激光武器发射无后坐力，可以迅速转移打击方向，使激光武器具备极高的反应速度，可以对付多目标的饱和攻击，连续射击稳定性好；激光武器一旦发射，电磁干扰系统对光束的飞行过程就起不到任何干扰作用，激光射程远；激光武器的发射主要是消耗化学物质和电能，每次发射的费用很低，约1 000美元，接近于一发普通炮弹的价格，仅是导弹成本的1%。试验表明，激光武器具有96%的杀伤概率。例如对10 km处的目标，激光传输仅需1/30 000 s，在此期间，任何高速、大机动目标的位移量都非常小，可以看成准静止目标。再如，拦截空地导弹，激光武器在远距离上可以使光束制导装置的传感器致盲，中等距离处可以使微波导引头罩碎裂，近距离可以破坏导弹的壳体。

但是激光武器也有其十分明显的缺点，一是其性能受天气，如雨、雾、雪等恶劣气象的影响较大；二是系统对跟踪和瞄准的精度要求极高，实现难度大。在大气中传输时，激光束会受到大气和气溶胶的吸收与散射，其强度将会衰减。由于大气湍流的影响，将导致目标上的光斑扩大。当激光功率足够大时还会产生非线性的热晕现象。这些效应将会使目标上的激光功率密度下降,影响激光对目标的破坏效果,尽管自适应光学技术在发射系统中加入了变形镜,已能部分补偿大气传输造成的影响。性能比较见表6.1。

表6.1 高能激光武器与小口径炮的性能比较

武器类型 性能参数	小口径炮	高能激光武器
速度	弹丸初速极限为 2 000 m/s,实际一般仅为 1 000 m/s 左右,而且弹丸在大气中的飞行速度下降很快	激光的传播速度为 3×10^8 m/s
命中概率	解相遇是一个复杂的平滑滤波问题,炮的内外弹道受许多随机因素的影响,其单发命中概率不高	无须解提前量,命中概率接近 1
拦截距离	300~1 500 m	可达 10 km
火力转移速度	发射装置的转动惯量很大,火力转移较慢	发射靠反射镜控制,光子质量接近0,火力转移非常迅速
持续战斗力	炮弹数量增加一倍,重量增加一倍,弹药库的容积也需增加一倍	激光武器的燃料,载量从 40 次杀伤量到 140 次杀伤量只增加 21%的重量,增加 7%的体积

二、激光武器对目标的毁伤机理

激光武器主要由激光器和光束定向器组成。而激光器由工作物质、泵浦源和谐振腔构成。工作物质可分为固体、气体、液体、电子束和等离子体等。目前,几个发达国家研发较为成熟的激光器有波长 3.8 μm 的氟化氘(DF)化学激光器、波长 2.7 μm 的氟化氢(HF)激光器、波长 1.35 μm 的氧碘(COIL)化学激光器、波长 10.6 μm 的二氧化碳(CO_2)气体激光器、波长 1.6 μm 的自由电子(波长可调)激光器、掺铷钇铝石榴石固体激光器、准分子、核泵浦X射线、射线激光器等。

1. 激光对设备的破坏功效

激光对设备的毁伤主要依靠辐射能实现,其机理比较复杂,归纳起来主要有以下4种效应。

(1) 烧蚀效应,即强激光照射到目标的关键部位后,部分能量被目标吸收而转化为热能，使目标表面汽化形成凹坑或穿孔，甚至还可能使目标深部温度大大高于表面温度，产生内部高压引起爆炸。

（2）辐射效应，即目标表面汽化形成等离子体云，这种等离子体能够辐射紫外线甚至 X 射线，使目标内部的电子器件受到毁伤。试验发现，这种紫外线或 X 射线有可能比激光直接照射引起的破坏更为有效。

（3）激波效应，在目标被激光照射时，表面蒸汽向外喷射，极短时间内会给目标以反冲作用。这就相当于一个脉冲载荷作用于目标表面，在其内部固体材料中形成激波，激波传到目标表面后再产生反射，使目标发生断裂破坏。

（4）热软化效应，强激光照射目标后，若能量不足以使其溶化，也会使一部分靶材受热软化，引起结构强度不对称，以致受力后产生弯曲或扭转，造成目标失控。

2. 激光对人眼的伤害

激光对人眼的伤害主要是激光的热效应、光压和光化学反应等引起的。吸收了过量的激光能量后，人眼组织中的水分子就会汽化，致使细胞破裂。而热能在人眼组织中的积累和扩散会造成更加严重的损伤。

激光的直射、反射和散射均会伤害人眼，而损伤的部位与程度则取决于激光的波长、脉冲能量和脉冲宽度、入射角、距离、照射时间及瞳孔大小、眼底颜色的深浅等因素。

波长在 $0.4\sim1.4~\mu m$ 的激光对人眼产生"闪光致盲"现象，特别是 $0.53~\mu m$ 的激光对人眼的损伤最为严重。据测试，人眼屈光介质对 $0.53~\mu m$ 激光的透过率为 88%，射到人眼的激光能量有 65% 被视网膜吸收，当视网膜处的激光能量密度达到 $0.15~J/cm^2$，而角膜处只需达到 $(0.5\sim5)\times10^{-6}~J/cm^2$ 就足以将其烧伤。部分激光对人眼的损伤效用临界值见表 6.2。

表 6.2　部分激光对人眼的损伤效用临界值

对人眼的损伤类型	能量密度临界值
强紫外光暂时致盲并对角膜造成损害	$0.005~J/cm^2$（$0.005~W/(s\cdot m^2)$）
脉冲红外激光损伤眼睛	$0.005\sim0.01~J/cm^2$
氟化氖或二氧化碳激光损伤眼睛	$0.5\sim10~J/cm^2$

3. 激光对光电传感器件的危害

激光对光电二极管的破坏作用分为致盲和永久性损伤两种。所谓激光致盲，就是利用波长合适、功率适当的强激光直接照射对方的光电武器与装备，使得其内的光电探测器永久性"失明"或直接烧毁的行为。尽管目前已有禁止使用直接用于损害人眼的激光武器国际公约，但并没有禁止其他激光武器和装备的使用，因此在战场上对人眼的伤害依然存在。对光电探测器而言，当受到强激光辐照时就会产生很大的热效应和光信号的饱和现象。对光伏探测器而言，当受到强激光照射时，其PN结退化，部分PN结转为电阻，灵敏度降低，噪声增大，开路电压下降。芯片在受到强激光照射时其结构会发生变化，以致出现破裂或热分解。

4. 激光对光学系统的破坏作用

对望远镜、潜望镜瞄准具、夜视仪、前视红外装置、跟踪器、测距机、目标指示器、精确制导的导引头及光学引信等光学系统来说，当其光学玻璃表面在瞬间接收到大量的激光能量时，可能会发生龟裂、出现磨砂效应并变得不透明。当激光能量进一步提高，比如照射时间为 0.1 s、强度达到 300 W/（s·cm^2）时，其表面会开始熔化，光学系统就会立即失效。

三、美国激光武器的研制情况

掌握绝对的空间优势是美国实现"独霸全球"军事战略的第三个支撑点。现在美国已具有了绝对的核优势和绝对的信息优势，大力发展高能激光武器系统以夺取绝对的空间优势，即制太空权已成为美国目前的主要发展战略。

1962 年，美国国防高级研究局开始了激光军事利用的研究，并开发出小功率的激光制导炸弹用于越战。20 世纪 70 年代初美国开始高能激光武器研究，相继研制成功连续输出的千瓦级 CO_2 激光器和输出功率为兆瓦级的钕玻璃激光器。在此背景下，陆海空三军开始研制高能激光武器。40 年来，美国投入了大量人力财力于高能激光武器的研究试验，取得了丰硕的研究成果。

据英国《新科学家》网站 2005 年 8 月 28 日报道，2005 年美军已研制出可用于战斗机的高能、轻型激光武器，可摧毁上千米之外的导弹。"冥界武器"原型的研制者通过综合液体和固体激光发射器的优点，克服了冷却系统巨大的弊端。

此前，能量足够摧毁导弹的激光武器体积一般都很庞大，因此只能安装在大型飞机上。现在，美国防部国防高级研究计划局这种称为"高能液体激光区域防御系统"（HELLADS）的激光武器可以装在战斗机的机翼下面或飞机的背部，能摧毁从地空导弹、空空导弹到火箭弹在内的各种武器。HELLADS 包括冷却系统在内仅重 750 kg，体积相当于一个大型冰箱，能够安装在 2 m^3 的空间之内。

与通用原子公司合作的 HELLADS 研发小组已经建成可以产生 1 kW 能量的激光武器原型缩比样机，2005 年底前将建成发射功率为 15 kW 的样机以进行试验，2007 年完成能发射功率为 150 kW 的全尺寸样机。

该系统包括两种不同的激光，即液体激光和固态激光。液体激光能连续发射光束，但需要大型冷却系统；固态激光的效率更高，但不能以同样方式冷却。因此，它们必须间或使用，以防止过热，但这样将消耗更多的能量。美官员称，他们在减少冷却系统体积时已将两种激光的优点糅合在一起，将固态激光的高密能量与液体激光的散热处理结合起来。

第二节 激光武器开始走向实用

一、激光武器研制成熟度预期曲线

2011年2月美国《连线》杂志网站报道，2011年开始设计，并计划于2018年开始服役的美军B-3（未正式命名）新型隐形轰炸机将装备具有自我防御能力的高能激光武器，用以打击高速来袭的各式导弹和战机。B-3轰炸机将携带地堡炸弹、火箭助推弹药、核武器，并装备数据链以控制隐形无人机。无人机可前出侦察并瘫痪敌方的雷达系统，随后由穿过防空网的B-3轰炸机用地堡炸弹摧毁敌方设施。

2011年2月，诺斯罗普·格鲁曼公司一造船厂正式开始建造美国海军第三代核动力航母第2艘福特级CVN-79航空母舰。美军计划给第三代核动力航母配备激光炮、电磁炮、无人机、电磁弹射器和F-35隐形战斗机等全新的武器装备。

2010年5月底，在美国加州沿岸圣尼古拉斯岛的海军武器试验场，美海军"激光密集阵"光纤激光炮演示系统在Phalanx雷达系统的引导下，发射出32 MW的强激光束，成功击落了4架从海上3.2 km之外以482 km/h飞来的无人机。这是继2009年2月装甲式"激光复仇者"系统验证试验成功、"激光百夫长"验证器集成试验成功之后，美国在现役防空武器平台上研发光纤激光武器再次取得靶试验证试验的成功。

这套革命性的测试成果标志着美军激光武器实际应用的开始。试验的成功表明美军已解决了海面湿气会吸掉激光能量和飞机反射面会抵消部分激光能量等重大难题。美国海军杰斐逊国家实验室自由电子激光器已能在500 kV的水平上运行电子喷射器。这些试验是否证明美国的激光武器已经实现了20世纪70年代"星球大战"计划所提出的作战性能？实际上，这些试验还属于初步技术原理验证试验，要真正达到所要求的作战性能，按美国军方的长远规划衡量可能还需5~10年时间。

密集阵是美国海军最成功的舰载近程防空、反导系统，主要用来拦截掠海来袭的反舰导弹，几乎每一艘军舰都有装备。美陆军将密集阵作了改装，固定在大型拖车上，称为"百夫长"系统。"百夫长"系统集成了具有闭合定位技术的先进搜索和跟踪雷达。作战时，一旦锁定目标，系统中 20 mm 口径速射机关炮就可发射 4 500 枚/min 毁伤式炮弹形成弹雨。

2009 年雷声公司从汽车业界购买了 6 套商用激光设备，6 个月后将其合成为一束威力强大的高能激光炮。高能激光炮的射程比速射机关炮远 3 倍。

但是，2010 年 10 月 21 日美空军的机载激光器在拦截一枚处于助推段固体燃料近程弹道导弹时，尽管机载激光器捕获并跟踪到了靶弹的尾焰，但却未能转换到主动跟踪模式，导致高能激光未能发射，使拦截试验失败。

美军激光武器研制成熟度预期曲线如图 6.3 所示。

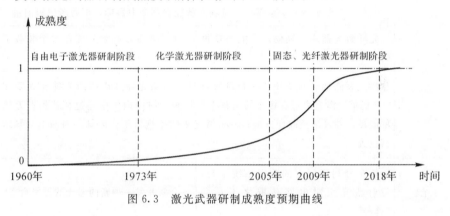

图 6.3 激光武器研制成熟度预期曲线

二、固态激光器优点突出

"激光密集阵"等试验的成功表明，美军开辟了在现有防空武器平台上应用成熟商业高功率光纤激光技术，"绿、快、好、省"地发展激光武器的新途径，从而抛弃了 30 多年来从无到有发展出的化学战术激光武器的途径。

美军目前研发的先进固态战术激光武器，包括光纤型和晶体型，既达到了高能化学激光器的作战性能，又能同时满足使用性、保障性、环保性和加装性等综合性能。过去在发展战术激光武器时，美军更多地追求高功率这一作战性能，选择了功率较大的化学激光器技术方案，武器系统组件庞大且笨重，给战术机动时的操作带来了极大不便，也难以实施战场上化学激光原料的保障供给，而且化学激光器运行时还会排放出大量有毒废气污染环境。因此 2005 年美军停止了自 1973 年以来已经研发了 30 多年但仍未能用于实战的化学激光武器项目，转而研发固体战术激光武器，二者的优势比较见表 6.3。

表 6.3　光纤激光武器与化学激光武器优势比较表

指标＼类型	光纤激光武器	化学激光武器
绿	光纤激光器只需大功率的电源（发电机或电网），工作时对环境无毒无污染，也没有枪炮弹药发出的爆炸声	氧碘和氟氪等化学激光器工作时，对环境均会造成有毒污染，一旦敌方击中该化学原料容器后果不堪设想
快	应用成熟的现有商业激光技术，以此为基础研制时间总共只用了 6 个月	从头开始全新研制激光器系统，到 2005 年研制已耗时 32 年，但仍无法用于作战
	以光速 3×10^5 km/s 运行，一旦瞄准就能立刻击中目标，不必考虑提前量	
好	光纤激光器小、轻便，且能与现役防空平台集成研发	大、笨重，必须分装在多个装载平台上
	激光束能量非常集中：一台巨脉冲红宝石激光器发出的激光能比太阳亮 200 亿倍；激光束可在极小的面积上在极短的时间内集中超过核武器百万倍的能量，并灵活地改变方向；发射激光束时枪炮口不会闪烁，因而不会暴露其位置	
省	能充分利用现有的防空系统平台，发射激光束时电网是取之不尽的"弹药"	全新开发一种新的激光器平台

"激光密集阵""激光复仇者""激光百夫长"的研制都直接应用了成熟的商业高功率光纤激光器技术，并在现役通用防空武器平台的基础上进行集成加装、移植改装研制。在未来海战中，预计美国海军很有可能把"激光密集阵""导弹密集阵""密集阵"组成"激光弹炮"分离式相结合的舰载防空武器系统。

三、激光武器关键技术

激光武器关键技术主要包括总体技术及指挥控制系统技术、高功率激光器技术、光束定向与跟踪瞄准技术、自适应补偿技术等，如图 6.4 所示。

1. 总体技术及指挥控制系统

总体方案的正确性是武器系统的关键，总体方案的工作涉及专业面广，要把需求与可能、先进性与实用性、复杂性与可靠性等多种矛盾综合处理，特别是从无到有的激光高技术武器装备，各种不可预见的矛盾特别突出，总体技术工作更为重要，因此武器系统总体方案研究是最关键的技术问题。

激光武器指挥控制系统包括作战管理/指挥、控制、通信、情报和杀伤预估（大气参数测量、预估）、评估系统。同时前期的预警参数是指控系统的前提条件。

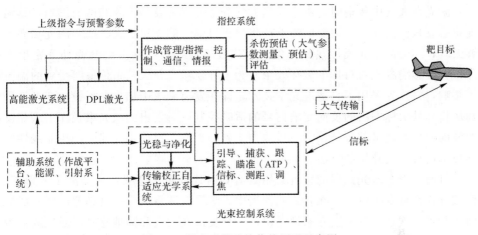

图 6.4　激光武器系统作战原理示意图

2. 高功率激光器技术

激光武器的核心装置是激光器。几十年来科技人员把研发功率高、光束质量好、大气传输性能好、破坏靶材能力强等性能指标作为研制目标。目前，二极管泵浦固体激光器已具备武器级应用前景。

3. 光束定向与跟踪瞄准技术

光束定向器及跟踪瞄准系统是高功率激光武器的两大器件，是与主激光器相匹配的重要部件。光束定向器由大口径发射系统组成。发射系统相当于雷达的天线，用于把激光束发射到远场，汇聚到目标上，形成功率密度尽可能高的光斑，以便在尽可能短的时间内破坏目标。

精密跟踪瞄准系统用于使发射望远镜始终跟踪瞄准飞行中的目标，并使光斑锁定在目标的某一固定部位，从而有效地摧毁或破坏目标。为此，必须采用主镜直径足够大的大口径发射望远镜，并可根据目标的不同距离对次镜进行平移，以起到调焦作用。

激光武器是依靠激光束杀伤目标的，它必须将激光束辐射到目标体上，甚至要求辐射到目标体的要害部位上，才能起到杀伤破坏作用。通过高精度的跟踪瞄准装置，达到高的角跟踪和瞄准精度。对于地面防空高功率激光武器则要求系统跟踪精度达到微弧度量级。

要及时捕获目标，雷达和红外搜索系统对低空、超低空飞行的目标能及时捕获跟踪，特别是在复杂背景下对暗、小、快速目标能及时捕获跟瞄，才能保证系统的全天时可用。

4. 自适应补偿技术

激光在大气中传输时，由于受到大气分子和气溶胶的吸收和散射影响，其强度将会衰减。由于大气湍流的影响，将使得目标上的光斑扩大。而当激光功率足够大时，还会产生非线性热晕现象。这些效应将导致目标上的激光功率密度下降，直接影响激光对目标的破坏效果。为了补偿激光在大气中传输时受到的湍流等影响，科技界采用了自适应光学技术，即在发射系统中加入变形镜，变形镜受到从目标处信标发出的反向传输信号的适时控制，对发出的激光束预先引入相反的波前畸变，就可部分补偿大气传输中受到的影响。目前仍在研究利用非线性光学技术进行大气补偿的方法。

目前，美军激光武器的接近实用具有划时代的重大意义，人类战争的形态、作战方式都将发生巨变。在各式武器当中，激光武器将成为一种理想的威慑武器而越来越受欢迎。俄罗斯专家评述说，一旦美国在太空和陆地建立以激光武器为主的导弹防御系统，就会在更关键的方向上获得更大的领先优势，直接削弱各国的核威慑力量，打破全球核战略平衡。如图 6.5 所示为美军激光武器击毁无人机的实战图。

图 6.5 美军最新车载激光武器击毁无人机

第三节 激光武器防御策略

未来 10 年，激光武器这种神奇的"死光"将会逐渐在战争中发挥巨大的威力，因此，如何防御激光武器的攻击，已成为摆在我们面前的重大课题之一。

激光器诞生之初，一些西方发达国家就已着手研究激光武器的防护技术，现在已有了多种防护方法。而比较成熟，或正在发展且具有广泛应用前景的方法目前主要有激光摧毁、施放消光烟幕、激光干扰、抗激光隐身技术、抗激光遮蔽技术、抗激光加固技术和强激光辐射防护技术等，如图6.6所示。

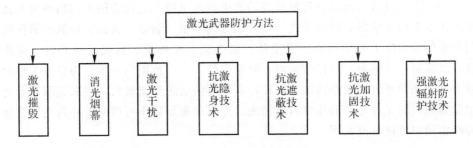

图6.6 激光武器防护策略

我国某大学应用物理系非线性光学计算研究室开展了激光防护用高速开关和激光防护用C60材料的研制。而且，我国在光电子领域的技术研发、器件和整机研制方面目前已取得了突破性进展，正在逐步抢占激光武器研制这一主宰未来战场命运的战略制高点。

一、激光摧毁

激光摧毁是指以激光武器或其他兵器直接摧毁或杀伤对方的激光武器或人员的行为。由于光电干扰一般只能使对方激光武器或人员短时间地失效或能力降低，加之光电反干扰技术的发展，使得光电干扰往往难以取得理想的效果。所以进行光电对抗最彻底的办法就是直接摧毁对方的激光武器。激光摧毁目前使用的主要手段有以下几种。

（1）利用高功率战术激光武器直接摧毁对方的激光武器。在激光武器装备中，光电探测器、滤光片、物镜、场镜、整流罩和调制盘等都易受激光损伤。光学系统的聚焦作用，使探测器和调制盘更易损坏。据测试，HgCdTe（碲镉汞）、PbS（硫化铅）、InSb（锑化铟）等光电探测器的破坏阈值为 $10^2 \sim 3 \times 10^4$ W/cm^2，0.1 s照射时间，而光学玻璃在 3×10^2 W/cm^2 照度下，0.1 s即可熔化。所以一般作战都要求高能激光器平均功率至少为 2×10^4 W，或脉冲能量达 3×10^4 J以上。例如，德国MBB公司研制的高能激光武器系统产生的激光波束直径10 cm，脉冲功率为1 MW，在23 km能见度时，在20 km远处照射0.1 s，就可使光电探测器致盲，10 km远处可烧穿机身。美国TRW公司研制的一套激光防空武器，该系统由 5×10^2 kW的高能氧碘化学激光器和直径70 cm的定向器/跟踪器组成，响应时间约1 s，每分钟可发射20～50次，其发射的激光束可摧毁15 km外飞行的目标。自1997年以来该装置已成功摧毁了各种不同的目标，杀伤概率达100%。

(2) 用反激光辐射导弹循着射来的激光束进行攻击,以摧毁敌方的激光武器。或用电磁炸弹摧毁敌方光电武器的电器部分。

(3) 激光致盲。激光致盲是重要的光电攻击手段,它仅需用平均功率为几瓦至万瓦水平的光辐射,即可干扰、致盲敌方的侦察、制导、火控、导航、指挥控制和通信等系统中的望远镜、潜望镜、瞄准镜、夜视仪、前视红外装置、测距机、跟踪器、传感器、目标指示器、光学引信等,并可损伤人眼。为有效实现对敌方各类光学系统和人眼的致盲,往往采用可调谐的激光波长,用来克服对方使用反射膜、滤光片之类的简单对抗措施。并采用重复频率可调的脉冲激光,其脉冲峰值功率可达百万瓦级。

二、激光消光烟幕

利用烟幕干扰激光,最早出现在 40 年前越南战争保卫河内安富发电厂的战斗中。越战中,美军在 2h 内用 20 枚激光制导炸弹就摧毁了越南 17 座交通要道上的桥梁,而当越南人使用烟幕之后,美军对安富发电厂投下的几十枚激光制导炸弹却无一命中。1991 年的海湾战争中,伊拉克点燃油井形成的冲天浓烟,很大程度上影响了激光导弹和炸弹的命中概率,使被攻击的目标得到一定程度的保护。

烟幕被制成各种烟幕榴弹、发烟手榴弹、迫击炮烟幕弹、火箭烟幕子母弹和消光弹等,在指挥所、基地、防空系统以及重要军事设施周围施放数枚烟幕弹,形成烟幕屏障,能吸收和散射激光能量,起到隐蔽军事目标的作用。

现在,国外的陆海空三军都广泛使用烟幕干扰装备。有的还研制了瞬发烟幕系统,如 NWC29,NWC78 等,它们可在起动后 1 s 内遮蔽目标,可完全遮蔽可见光,并对 $2\sim12~\mu m$ 波段的激光束有明显的消光作用。

国外对自卫式烟幕的一般要求包括①工作波段:可见光、近红外、中红外到远红外;②衰减率:85% 以上;③形成时间:小于 2 s;④持续时间:不小于 20 s;⑤有效遮蔽面积:大于目标面积数倍。

1. 烟幕的消光机理

施放消光烟幕是一种重要的无源干扰手段。烟幕是由许多固体和液体的微粒悬浮于大气中所形成的气溶胶体系,是光学不均匀介质。当激光武器发出的激光束辐射能量入射到烟幕中时,烟幕微粒对其产生吸收和散射,使辐射能量遭到衰减。

烟幕对激光辐射的吸收衰减由两个因素构成:一是气溶胶凝聚核的吸收,二是水蒸气在核上聚集而形成的液态水滴的吸收。当激光辐射入射到烟幕中时,烟幕中的带电质子、电子或离子将随着激光辐射电矢量的振动而谐振起来,这种受迫的谐振产生次生波,成为二次波源向各个方向辐射出电磁波,从而使激光入射辐射在原传播方向上的能量减少,而在其他方向上的能量分布又不相同,这就是烟幕的散射衰减消光作用。

烟幕干扰的主要作用是对目标的遮蔽效应。这种效应分为被动式遮蔽和主动式遮蔽两种。烟幕对激光的吸收和散射引起的激光能量损耗的过程被称为被动式遮蔽效应。烟幕还可以通过自身的强烈辐射，把目标及其附近背景的辐射覆盖起来，使得激光武器的探测系统侦测不到目标的真实图像，达到遮蔽的目的，这称为主动式遮蔽效应。

2. 烟幕的消光特征

烟幕对激光的消光作用的强弱与激光波长、烟幕微粒的大小和成分密切相关。当烟幕微粒尺寸比激光波长小得多时，消光作用主要依靠烟幕组分吸收激光的能量。当烟幕微粒尺寸与激光波长大小相当时，吸收和散射两方面的耗损构成了烟幕的消光机理。由郎伯特-比尔定理知，烟幕的消光系数越大，烟幕的浓度就越大，激光穿过烟幕的路程也越长，则烟幕的透过率就越低，即烟幕对激光的消光作用就越好。

3. 烟幕的发烟材料

烟幕的发烟材料成分决定了烟幕的质量和性能的优劣。发烟材料分为绝缘材料和导电材料两类。目前比较重点的发烟材料是六氯乙烷，它对 $3.2~\mu m$ 以下的激光有较明显的遮蔽能力，如在其中加入 $10\% \sim 25\%$ 的芳香族碳氢化合物，则可提高对 $3.2~\mu m$ 以上光辐射的吸收率。把导电材料铝、铜、石墨制成鳞片状粉末掺入其他材料之中，除了因大小、形状引起激光束的散射损耗之外，还因其表面自由电子对激光起到了吸收的作用。实际测量表明，红磷烟对 $0.31 \sim 0.76~\mu m$ 波段激光束的消光系数达 $1.22~m^2/g$，对 $3 \sim 5~\mu m$ 波段激光束的消光系数为 $0.25~m^2/g$，对 $8 \sim 14~\mu m$ 波段激光束的消光系数为 $0.28~m^2/g$。鳞片状铝粉对 $10.6~\mu m$ 波段激光束的消光系数达 $0.96~m^2/g$。

4. 烟幕干扰的发展趋势

目前，消光烟幕的研制正在向拓宽遮蔽波段；缩短成烟时间，开发瞬发型烟幕；开发主动性烟幕，以它本身的强辐射来遮蔽目标；完善遮蔽机理，开发吸收、散射与湍流效应共同起作用的烟幕。烟幕干扰器材正朝着具有多光谱性能，具有无毒、无腐蚀、无刺激的"三无"发烟剂，正朝着体积小、耗能省、成烟迅速和面积大的发烟器材的方向发展。

三、强激光辐射防护技术

强激光辐射防护技术应用的目的有二：一是防护激光对光学系统和光电传感器件的毁伤，二是防止人眼的激光致盲。

强激光辐射防护的主要技术指标包括防护带宽、光学密度、破坏阈值、响应时间、光谱透射率和防护角。防护带宽表示某种材料所能对抗的光谱带宽，滤光片的带宽通常以半功率点处的带宽来规定。光学密度表示防护材料对激光辐射能量的衰减程度。例如某种滤光片的光密度为6，它就使得透过该滤光片的激光强度减弱到入射强度的 $1/10^6$。激光滤光片的另一技术指标是可见光透过率，对于大多数战场用的滤光片来说，可见光透过率应不低于80%，而飞行员对光透过率的要求会更高。破坏阈值表示防护材料可承受的最大激光能量密度或功率密度。响应时间表示从激光照射到防护材料上至防护材料起到防护作用的时间。光谱透射率有峰值透射率和平均透射率之分，吸收型滤光片以较好的平均透射率来提供较低的光学密度，而反射型滤光片的重要优点是可以增加光谱通带上的平均透射率。防护角表示入射激光所能达到安全防护的视角范围，见表6.4。

表6.4 三类基于线性光学理论激光防护滤光片优缺点一览

滤光片类型 \ 特征	优 点	缺 点
吸收型滤光片	是目前应用中最简单、最廉价，也是军事应用最广泛的一种方法。以塑料为衬底的滤光片具有结构简单、加工方便、重量轻、成本低、抗冲击性好、吸收带宽相对较宽等优点。以玻璃为衬底的滤光片虽能承受较强的激光，不易擦伤，耐磨损	以塑料为衬底的滤光片容易擦伤和老化，在日光暴晒下易产生负感效应而使其防护能力下降，且制作时难以控制表面质量。以玻璃为衬底的滤光片抗冲击性能较差
反射型滤光片	利用光的干涉原理制成的滤光片能承受较强的激光，反射带宽较窄，波长选择性好且有较高的可见光透过率。利用光的衍射现象制成的滤光片，具有可见光透过率高，波长选择性好，能承受较强的激光，反射带宽较窄等优点，且具有广角性好，反射率高，不存在"蓝向频移"等长处	利用光的干涉原理制成的滤光片广角性差，存在"蓝向频移"，抗激光破坏阈值相对较低。利用光的衍射现象制成的滤光片制作难度大、成本高
复合型滤光片	综合了吸收型和反射型滤光片的优点，美国在海湾战争期间为陆军和海军陆战队装备的10万副BLPS型激光/弹道防护眼镜均属此类，可同时防护 0.694 3 μm 和 1.064 μm 波长的激光，并能抗小块弹片的冲击	成本高且生产周期长

强激光辐射防护的方法包括光谱的带通选择技术、机械护栏、可调谐滤光片、光能量限幅器和光开关等技术。

1. 光谱的带通选择技术

光谱带通选择技术是利用对光波的反射或吸收过滤的介质来剔除有害光波的方法。它是保护光电探测器的基本手段之一。常用的器件为滤光片。滤光片的响应曲线与激光波长、透过率有关。

滤光片可做成镜片加入光学系统中，实现光电传感器件的激光防护，也可制成激光防护镜或激光防护面罩。基于线性光学理论的激光防护滤光片按照工作的物理机制，可分为吸收型、反射型、复合型三类。

2. 机械护栏

在光电探测器停止工作期间，使用机械护栏能够防止意外来袭激光的辐射。但机械护栏快速反应的能力较弱。

3. 可调谐滤光片

可调谐滤光片是基于材料的反射、吸收和干涉原理的有源防护元件。例如，法布里-泊罗扫描滤光片，它利用压电晶体微调两平行板间的距离来选择带通或带阻的波长。

4. 光能量限幅器

光能量限幅器是一种非线性装置。它一旦被强激光辐射激活，就会使激光能量大幅度地衰减。它的工作介质可以是气体、液体或固体。例如，在气体光能量限幅器中，当入射激光汇聚激活阈值时，气体被电离而产生等离子体，等离子体就会强烈地吸收激光能量，从而使传输的激光能量大幅度降低，以保护其后的光学系统。

5. 光开关

光开关是非线性元件，是一种由来袭辐射触发的开关。光开关一经外来激光触发，就会立即由透光元件变成不透光元件，使传输的激光能量被阻断。其工作原理类似手表的液晶显示器，它不是对特定波长的激光做出反应，而只是对激光的能级做出反应。由于防护脉冲激光的需要，光开关必须具有次纳秒级的反应速度。

光开关显示出很好的锐截止特性，可用于宽带的激光防护。非线性开关涂层可用于平面或曲面形表面，这使得设计者在光学设计中有充分的选择余地，扩大了防护角。同时，光开关也可以和其他防护方法串联使用，以增加防护效果。

四、激光干扰技术

研制激光干扰机，例如转发式激光干扰系统。转发式激光欺骗干扰系统是对敌方激光系统实施欺骗式干扰的设施。当发现我方目标受到敌激光测距机光信号照射时，在极短时间内，可沿来袭激光束的原路发射一个与测距信号同波长、同脉冲宽度的欺骗性光信号，使它与真目标回波信号相继进入测距机的接收望远镜。若这个欺骗光信号也处于测距机设定的距离选通范围之内，就有可能被误判为有2个目标，干扰了对方的测距工作。也可以控制对方的测距光脉冲，使之延迟一段时间后再返回测距机，从而增大测距误差。

对半主动激光武器，可设法产生一个与敌方激光目标指示器同波长、同脉宽、同编码方式的激光束，照射一些设置在被保护设施周围的功能性假目标上，并使假目标比真目标的回波激光信号更强，从而诱骗激光武器去攻击假目标。

五、抗激光隐身技术

所谓激光隐身技术就是使目标的激光回波信号降到尽可能低的程度，从而使目标被敌方发现的概率降低，使被探测的距离缩短。

1. 基本原理

为了达到对抗敌方激光探测系统的侦察搜索，可以采用以下方法：减少目标的反射面积；降低目标对激光的反射率；增加目标表面的漫反射特性；人为增加激光光路上介质的衰减系数；安装激光角反射器，改变反射光的方向等。

2. 激光隐身措施

飞机的激光隐身主要靠设计符合隐身要求的外形结构，以及采用合适的材料或涂料。

舰艇的激光隐身主要采用吸收涂料或施放烟幕、气溶胶等。

地面车辆、武器系统和指挥控制中心的激光隐身手段主要有：①降低激光的后向散射；②利用烟幕、气溶胶阻断激光的传输；③通过使用涂料使目标表面粗糙化，成为漫反射体，达到减少回波的目的。对一些固定目标，可在其表面构制一些微型腔结构，使入射其上的激光束在微腔内多次反射和吸收后能以比较弱的能量反射回去。

六、抗激光隐蔽技术

抗激光隐蔽技术分为两种类型，一种是利用天然和人为的屏障实现隐蔽效果，另一种是利用水幕、尘埃、大气湍流等伪装欺骗实现隐蔽。

1. 利用天然和人为的屏障实现隐蔽

（1）利用地形地物实现隐蔽。激光武器的工作波段为 $0.4 \sim 14~\mu m$，其波长较短，衍射能力较差，对有地形地物屏障的目标无法进行观测和攻击。研究发现，在一般地形上，对 1 km 距离的地面目标，当其暴露行驶 550 m 时，通视概率为 90%～97%，而当目标暴露行驶 50 m 时，其通视概率降为 4%～12%，且目标越远，通视概率越低。

(2) 大气能见度的影响。大气能见度对激光束传输性能具有严重影响,而且对短波激光影响更大,可使激光武器的性能降低。

(3) 一年四季的气候对激光束造成的影响也不相同,特别对二氧化碳激光器的影响更大。夏天,空气中大量水汽对二氧化碳 10.6 μm 激光束有严重的吸收作用。在 23 km 能见度下,水平 5 km 平均透过率在不同季节时的数值见表 6.5。

表 6.5 在 23 km 能见度下,水平 5 km 平均透过率在不同季节时的数值

激光波长 \ 5 km平均透过率 \ 季节	夏 季	冬 季
砷化镓激光器 0.9 μm	41%	49%
钇铝石榴石激光器 1.06 μm	63%	63%
二氧化碳激光器 10.6 μm	22.5%	76.7%

2. 利用水幕、尘埃、大气湍流实现遮蔽

(1) 水幕的遮蔽效应。水幕对激光束是一种简便而有效的干扰手段,研究表明,1.5 μm 厚的水膜就可使二氧化碳 10.6 μm 的激光束衰减 50%。

(2) 尘埃的遮蔽效应。在地面战场,往往会造成大规模的尘埃幕,只要它具有一定的浓度,在小风气象条件下,对激光束的衰减效果十分明显。据测定,尘埃团能使 1.06 μm 钇铝石榴石激光束的透过率降到 10% 以下持续 20~30 s 时间。使 10.6 μm 二氧化碳激光束的透过率降到 10% 以下持续 35~80 s。可完全阻断 3~5 μm 激光束 7~8 s 的时间。

(3) 大气湍流对激光辐射的影响。由温度、压力和其他扰动造成的大气折射率随机起伏的现象叫大气湍流。高层大气湍流能造成激光辐射强度的起伏,即闪烁;低层大气湍流能造成激光焦点的运动或跳动;大气湍流能引起光程长度的起伏,使像距或像面位置产生飘动;大气湍流能使激光束发散,光斑分裂;大气湍流能产生激光散射;大气湍流能引起相干光频率的漂移或相位的畸变,使激光的相干性变差。

七、抗激光加固技术

随着各种激光武器在实战中的较多运用,世界各国加速了抗激光加固技术的研究。抗激光加固技术有以下几种:①为把入射激光最大限度的反射回去,可以对目标上怕强光、比较脆弱的部位表面进行特殊抛光,并镀上高反射膜层,装上矩阵式角状玻璃反射器等;②在目标表面喷涂耐高温材料;③通过旋转与运动使受光点不断变化。

第七章
反辐射武器防御

第一节 反辐射导弹的发展概况

一、防空雷达面临的主要危险

海湾战争中美军发射了2 151枚高速反辐射导弹,使伊拉克的每部雷达均遭受4~8枚反辐射导弹的袭击,几乎摧毁了全部伊拉克的雷达。雷达的被摧毁导致了伊拉克整个防空系统的瘫痪,使居世界第6位的伊拉克空军失去了战斗力。在2003年的伊拉克战争中,美英联军共投掷了1 500多枚精确制导炸弹,发射了800余枚"战斧"式巡航导弹,摧毁了伊拉克大量的指挥、控制、通信、防空系统和装甲目标,为地面部队的进攻扫清了障碍。这次伊拉克战争之所以能在20多天之内就以美军的完全胜利而宣告结束,美军的空中精确打击起了决定性的作用。随着精确制导武器的广泛使用,空中打击已经能够摧毁大多数被发现的目标,完成过去只有陆军、海军才能完成的作战任务。发生在近期的几场局部战争已经越来越明显地表现出一种全新的作战模式,即空中轰炸起主导,其他军种配合的作战模式。由此,可以毫不夸张地说,制空权的得失将决定着现代高科技战争的胜负。

由地面防空武器对空射击是争夺制空权的主要方式之一。在近年发生的战争中,无论是南联盟军队、塔利班武装还是伊拉克军队也都曾使用高炮和地空导弹对美军的空袭进行过反击,但是仅仅击落了美军的几枚巡航导弹和几架飞机,这相对于其发射的炮弹和导弹数量,无异于九牛一毛。究其原因,战败国的防空雷达系统在战争初始被美军的挖眼战术摧毁是最主要的原因。

防空雷达是高炮和导弹的眼睛,没有防空雷达控制的射击无异于闭着眼睛瞎射击,其效果如何也就可想而知。在这几次战争中,美军拥有专门打击防空雷达的反辐射导弹等武器(见图7.1)。只要伊拉克军队或南联盟军队的防空雷达一开机,还没来得及控制武器射击,就会遭到美军反辐射导弹的袭击,从而使得伊拉克军队或南联盟军队根本不敢使用雷达,只能对空盲目开炮和发射导弹。因此,要发挥导弹和高炮的防空作用,就必须解决防空雷达对抗反辐射武器的问题。这一问题已经上升到夺取制空权、赢得战争胜利的高度，必须认真研究以求解决。图 7.1 所示为反辐射导弹。

图 7.1 反辐射导弹（美军 AGM - 88 反辐射导弹、中国 PL - 16 反辐射导弹）

二、反辐射导弹概况

反辐射武器是专门攻击和摧毁辐射源系统的武器，主要包括反辐射导弹（ARM）、反辐射无人机和反辐射炸弹。反辐射武器是防空压制的主要硬杀伤武器，它严重威胁着防空系统及其雷达的作战效能和生存能力，是雷达的低空突防、反辐射攻击、隐身、电子干扰四大威胁中最主要的一种。因此，如何对付反辐射武器的威胁是雷达面临的紧迫任务。当前，是否具有抗反辐射武器的能力是衡量防空雷达技术水平的重要标志之一。

反辐射导弹又称反雷达导弹，它是利用敌方辐射源（雷达）发出的电磁辐射能、热辐射能和光反射能的制导，以自动跟踪、压制和摧毁敌方辐射源的导弹。

第二次世界大战后，防空武器系统的迅速发展以及对作战飞机的严重威胁，催生了反辐射导弹武器系统。几十年来，反辐射导弹已发展了 3 代共计 26 种之多，研制成功并投入使用的有 16 种，尚在研制中的有 10 种。世界上最早的反辐射导弹是美国于 1964 年装备使用的 AGM - 45A "百舌鸟"导弹，它属空地导弹，主要装备攻击机和战斗机，先后共生产了 2 500 枚左右，现已停产并逐渐退役。第一代反辐射导弹还有苏联的"鲑鱼"AS - 5，它于 1966 年开始服役，是一种较大型的导弹。

第二代反辐射导弹服役于 20 世纪 70 年代，主要型号有美国的"标准"AGM - 78A/B/C/D、AGM - 45A "百舌鸟"改进型、AGM - 45A - 9、CAN - 45A - 90，苏联的"王鱼"AS - 6 和英法联合研制的"玛特尔"AS - 37。这几型导弹中，性能最好的是苏联的"王鱼"AS - 6 反辐射导弹。

第三代反辐射导弹服役于 20 世纪 80 年代以后，主要型号有美国的 AGM - 88 "哈姆"、AGM - 136 "默虹"，英国的"阿拉姆"，法国的"阿玛特"和苏联的 AS - 9。除上述空射反辐射导弹外，以色列还于 1982 年成功研制了地地型

"狼"式反辐射导弹，并在黎巴嫩战场上投入使用。"哈姆"导弹主要装备美军战斗机、攻击机和轰炸机。"默虹"反辐射导弹是一种高亚声速反辐射巡航导弹（亦称反辐射无人机），可在目标区上空长时间盘旋，自行搜索目标，确定目标后立即实施俯冲攻击。它是第一种具有巡航能力的反辐射导弹，用于解决其他反辐射导弹抗地面雷达关机不利的问题，主要装备 A-6E、A-7 和 B-52 轰炸机。"默虹"有一对可折叠的矩形弹翼，发射后能在战区上空巡航，在计算机控制下自动搜索目标。一旦搜索到并锁定目标后，立即俯冲攻击。如果目标丢失，便重新爬高、继续巡航，待机再次攻击。"默虹"频率覆盖范围广、可重编程、使用灵活、体积小、重量轻，其作战效果不可低估。

最近 20 多年，反辐射导弹由空地型发展为空舰、舰舰、地地，直至空空型，射程从几千米增至一百多千米，飞行速度可达 $Ma=2\sim3$，频率覆盖范围从 0.8 GHz 到 20 GHz，还将扩展到 40 GHz，制导方式也从原来单一的被动雷达制导发展成为被动雷达寻的和主动雷达、红外、激光以及惯性基准装置等组合使用的复合制导。此外，反辐射导弹的载机从 20 世纪 60 年代的 F-105 发展到了目前的 F-4G、F/A-18、A-6E 等。美国正在论证用 F-15E 和 F-16C/D 飞机作为反辐射导弹载机的可能性，并且对 EA-6B 干扰机加装高速反辐射导弹进行了试飞。

三、反辐射导弹的主要优势

反辐射导弹有以下几方面优势。

(1) 雷达有效反射面积小。一般反辐射导弹的雷达有效反射面积只有 0.1 m² 左右，第三代反辐射导弹的雷达有效反射面积更小，例如"哈姆"只有 0.05 m²，使得地面雷达发现困难。

(2) 飞行速度快。反辐射导弹的速度通常在 $Ma=1\sim3$ 之间。美军装备的反辐射导弹最大速度多在 $Ma=2$ 以上，俄制反辐射导弹的速度一般在 $Ma=1$ 左右。

(3) 攻击的突然性强。由于采用被动搜索跟踪方式，本身并不辐射电磁信号，因而不易被发现和干扰。采用了无烟发动机，减小了红外特征。

(4) 可攻击多种类型的防空雷达。反辐射导弹导引头跟踪频率范围很宽，接收动态范围 90dB 以上，能覆盖多种雷达或辐射源的波段，可跟踪雷达天线的主瓣、旁瓣、尾瓣辐射而发起攻击。

(5) 具有先敌攻击优势。反辐射导弹导引头及其电子支援设备探测到电磁辐射波的距离比防空雷达远，可在防空雷达发现它之前就发起攻击。

(6) 具有自动捕获和锁定目标的能力。从机载设备（或导弹导引头）捕获地面雷达波束到定位、发射，"百舌鸟"导弹一般需要 10~15 s，"哈姆"导弹需要

10 s。且可采用预编程序发射，然后捕获锁定，甚至可在目标区巡逻待机攻击，对机载设备依赖小，载机无须跟进制导。有的反辐射导弹智能化程度高，能自主作战——可发射后不管，自主寻的。

四、反辐射导弹的主要弱点

反辐射导弹还有以下弱点。

(1) 使用前必须预先对防空雷达进行侦察，这容易暴露作战意图，有利于对方预先进行战斗准备。

(2) 在空中的运动特征明显。除少数反辐射巡航导弹和无人机外，反辐射导弹的飞行速度比一般的空中目标快；反辐射导弹依靠被动式雷达导引头单脉冲测角导向目标，在离开载机后向目标作连续的径向移动。根据这些运动特点，可以较容易地将反辐射导弹与其他目标区别开来，从而采取对抗措施。

(3) 导引头性能有一定的局限性。导引头采用单脉冲体制，不能对抗两点源相干干扰。导引头中的天线微波系统、接收机等部件存在非线性相频特性，影响导引头的精度。由于弹径的限制，天线孔径尺寸较小。对工作频率较低的雷达和高频雷达难以精确定向。导引头的接收灵敏度不高，一方面由于导引头是宽频带，天线增益受限制；另一方面导引头与辐射源信号不完全匹配，不能实现最佳接收。

(4) 对目标辐射源的依赖性强。反辐射导弹以辐射源信号为制导信息，一旦地面雷达不开机，反辐射导弹就无法攻击。地面雷达开机，如果采取关天线、大角度转天线等手段，即使不能完全摆脱反辐射导弹，但仍可降低其命中精度和毁伤效果。

(5) 反辐射导弹的战斗部杀伤威力有限。毁伤半径通常在 10 m 左右，只要采取相应的防护措施，就可降低其杀伤效果。

五、反辐射导弹的作战方式

反辐射导弹由其被动雷达导引头捕捉和跟踪目标，引导导弹飞向目标并命中目标。由此决定了其作战方式的灵活多样。

(1) 预先攻击。由反辐射导弹的载机向防空雷达发射导弹，导弹按预编程序寻找和攻击目标。无雷达信号时，同样可以发射，导弹自动有序地搜索和识别辐射源，锁定威胁最大的目标进行攻击。

(2) 自卫攻击。载机发现地面雷达捕捉到自己后，自动发出发射指令。飞行员选择最佳的发射位置实施攻击，达到保卫自身的目的。

(3) 随机攻击。反辐射导弹利用自身导引头频带宽、接收机灵敏度高、信号处理功能强的特点，在飞向攻击目标的过程中，可以对新出现的雷达信号进行威胁估计。如果新目标的威胁度大于以前目标的话，则转而攻击新出现的目标。

(4) 引诱攻击。防空雷达为了对抗反辐射导弹，在实战时常采用不开机、少开机、近距离开机等方法，尽量保持电磁静默。对此，反辐射导弹常采取"引诱"战术，先出动无人机或攻击机佯攻，引诱雷达开机，然后迅速测定目标位置，导引反辐射导弹摧毁目标。在1982年贝卡谷地战斗中，以色列成功地使用了这一战术，短短的几分钟时间内就彻底摧毁了叙利亚苦心经营多年的防空雷达网，是反辐射导弹反雷达作战的典型战例。

(5) 指示攻击。这是利用反辐射导弹指示目标，引导攻击机、轰炸机实施攻击和轰炸的一种作战样式。美军在越南战场常使用带烟雾战斗部的反辐射导弹为轰炸机成功指示目标，以达到压制地面雷达的目的。

六、反辐射导弹的攻击过程

反辐射导弹的攻击过程可以分为以下5个步骤：①反辐射导弹的载机飞向防空系统的防空区，借助机载设备对地面防空雷达进行搜索；②载机完成必要的机动，以便能使用选定的反辐射导弹；③瞄准目标，发射反辐射导弹；④反辐射导弹导引头被动寻的、落地爆炸；⑤载机做机动飞行飞离防空区，或视情对雷达进行再攻击。

现代战争中武器装备的激烈对抗以及新技术的不断涌现，促使反辐射导弹向高性能、多用途、轻小型化方向发展。从未来的发展趋势看，反辐射导弹将兼有诱骗、信息威慑和火力攻击等多重功能，且能在目标上空进行较长时间的巡逻飞行，成为新型多用途远程反辐射导弹。这种全新概念的"预编程巡逻待机式远程反辐射导弹"，其实就是一种特殊类别的远程精确打击巡航导弹。

为了适应信息化战争的需要，反辐射导弹的作战任务将从引导打击敌方雷达，扩展为攻击敌方各种电磁辐射源；从保证空袭时的飞机安全为主要目的的辅助火力压制手段，转变为对敌陆海空的战略C^3I系统、战略预警系统以及防空武器系统进行硬杀伤的主要手段。

第二节 反辐射无人机的发展概况

一、反辐射无人机的性能特征

近年来，一些国家将反辐射导弹技术移植到无人机上，即在无人机上安装被动导引头和引信战斗部，研制出了反辐射无人机，如以色列的"哈比"、德国的"达尔"、法国的"玛鲁拉"、美国的"沉默彩虹"和"勇敢者"等，成为反辐射导弹的翻版或变体，成为一种对地面雷达和指控系统极具威胁的新式武器。

反辐射无人机的特点是①压制时间长：2~8 h以上；②作用范围广：能截获雷达主瓣、副瓣、旁瓣的信号，对不同体制的雷达，能鉴别出很小差异的雷达信号；③杀伤概率高：用比幅＋干涉仪测向，寻的精度高，垂直直接攻击，米级杀伤圆概率误差，有的带记忆攻击；④生存能力强：雷达反射面积小，红外特征不明显，难探测，飞行高，目视不易；⑤费效比高：在后方地面发射，操作简单，价格低廉，风险小；⑥发射后不管：发射后自行飞行，设备可再发射或撤离；⑦对实时情报无要求：攻击数据射前装订，一般不改。

反辐射无人机的缺点是①频率覆盖范围不足：0.5~20 GHz；②反应能力不强：预先装订数据和航线；③防卫能力弱：无任何防卫措施，飞行速度小，易受直升机和火炮的攻击；④毁伤能力有限：战斗部炸药少，当雷达有防护或诱饵时难摧毁。

反辐射无人机的主要任务是挖眼、开辟空中走廊、目标指示、威慑、压制区域防空。常用的攻击方式有单架攻击压制单个目标，单架攻击压制多个目标，多架攻击压制单个目标，多架任务编程攻击压制多个目标，多架游猎重要目标。

反辐射无人机常用战术：①确定攻击目标、航线（导航航线和巡弋航线）和搜索方式；②进行数据装载，这包括两部分，第一部分是航线数据，无人机飞行前期按航线飞行，第二部分是攻击目标（如雷达）的工作参数、工作规律、当前和可能的部署位置、目标的优先等级；③发射无人机进行攻击，如是可回收的无人机（一般不是），回收未完成攻击任务的飞机。反辐射无人机一般远距离发射，较为安全，其滞空时间较长（2~8 h）。

二、"哈比"(harpy) 无人机

由以色列飞机公司（IAI）下属的马特拉分公司研制的"哈比"（harpy）无人机（见图 7.2）是集无人驾驶飞机、导弹和机器人技术于一身的创新性武器，其单独与集群作战将给对手造成毁灭性的打击。"哈比"的核心技术是机载计算机控制下的整套巡航、搜索、飞控和锁定攻击系统。"哈比"与目前广泛用于侦察、通信的无人机不同，它是一种利用敌方雷达辐射的电磁波信号，自动搜索、跟踪并摧毁地面雷达的无人反辐射巡航导弹系统。这种攻击方式又被称为"自杀式"无人机。2005年1月以色列宣布开发出人工智能协同无人机集群作战方法，使"哈比"的作战能力大幅度提高，"哈比"能在 40 min 内集结 54 架，成群结队地在目标上空区域盘旋，下方若有雷达开机，就可能遭到它毁灭性的攻击。

"哈比"无人机 1997 年在巴黎航展上首次露面。"哈比"无人机有机地融合了地地导弹与空地导弹的攻击特点，具有从地面发射后不用管的特点，完全是自主作战。哈比无人机是一种低速巡逻飞行、配备反辐射感应器和一枚半穿甲高爆弹头的无人控制武器，可在目标雷达附近飞行长达 2 h，一旦被雷达波照射到，

就可自导引飞向目标并起爆摧毁目标。

"哈比"无人机是一种多用途无人攻击机。它可以在很短的时间内覆盖需要压制的作战区域——通过攻击敌方雷达辐射源而压制、攻击和摧毁敌方的防空系统,以打击敌方组织的地面防御。该飞机可以进行地面目标侦察并实施反辐射导弹攻击,主要用于摧毁敌方雷达和高炮连。

"哈比"无人机翼展长 2.1 m,机身长 2.6 m,高 0.35 m,发射质量 125 kg,由火箭助推器发射,可保持续航飞行,作战任务的完成靠预编程序控制。它可以直接朝着目标区爬升、巡航,通过使用机载 GPS 系统自动导航,并能够按照预先确定的模式进行盘旋飞行,搜寻雷达辐射源。最高可飞至 10 000 ft (3 048 m),能在 6 000 ft (1 829 m) 高度飞行 1 000 km,巡航速度 167~194 km/h,俯冲速度 482 km/h。

该机机体由木材和铝材做成,表面使用了复合材料,所以成本低、性能高、隐身好。为提高攻击精度,采用 4 个直接侧力发生器,使攻击机可作无倾斜水平转弯,导航精度 250 m。雷达导引头是攻击机制导系统中的"眼睛",可搜寻敏感至 2~18 GHz 的电磁辐射源,能感知前方和下方±30°范围内的雷达辐射信号。战斗部装有 6 kg 烈性炸药,可将地面雷达等目标摧毁,精确度误差 5 m。

图 7.2 "哈比"(harpy) 无人机

第三节 反辐射武器防御技术

一、采用先进的雷达体制

1. 米波及毫米波雷达

反辐射导弹均采用四喇叭天线单脉冲导引头,天线口径至少应大于半波长

（当天线口径为半波长时，其波瓣宽度约为 80°，定向误差约为波瓣宽度的 1/10～1/15，即 6°～8°，这种精度难以对雷达精确定向）。如果雷达工作在米波波段，反辐射导弹的天线就不可能做到米级之大，而且多路径效应使导引头的性能成倍下降。当然，米波雷达也有很大的局限性。由于其波长长、波瓣宽、精度低、低空性能差，目前只能应用于预警系统。另外，米波雷达体积大、结构复杂，工作频率还与广播、电视的波段重合，易受干扰。

在毫米波波段，由于天线和其他元器件的尺寸小，精密机械加工困难，功率受到限制，加上大气传输损耗大，所以目前的反辐射导弹均无法覆盖此波段。英国的"长剑"导弹系统配备了 DN181 盲射跟踪/制导雷达用于对付反辐射导弹，该雷达的工作频率为 35 GHz。但是毫米波雷达的作用距离较近，只能用于低空近程武器系统，且截获目标和跟踪目标之间存在矛盾，目前投入使用的只有 Ka 波段。近年来，由于大功率回旋管的出现，毫米波技术得到了很大发展，140 GHz 以下的元器件已基本齐备，这使得毫米波雷达有了很大的发展前途。

2. 双（多）基地雷达

双（多）基地雷达就是将雷达发射机和接收机分别设在相距很远的地方，通常接收机（一个或多个）设在战区前沿，发射机设在后方。由于接收机静默，不易受反辐射导弹的攻击，发射机则远在反辐射导弹的射程之外。双（多）基地雷达的发射机除设在后方外，还可安装在预警机、系留气球、卫星等空中平台上，这样可以解决基地间地球曲率的影响，扩大探测区域。

双（多）基地雷达与单基地雷达相比，覆盖范围较小，但作用距离较大，其定位精度和分辨率取决于收发站之间视差转换的水平，在使用计算机的前提下，质量基本可得到保证。另外，必须采用低旁瓣天线，以免收发天线的旁瓣交汇引起虚假目标。接收天线必须具有多波束，同时覆盖很宽的区域，以解决能量利用问题。天线同步扫描和系统配合等问题是双（多）基地雷达面临的最大难题。目前双（多）基地雷达主要应用于预警系统。

3. 分置式雷达

分置式雷达的发射系统和接收系统分置在数百米范围内，接收机可以是单个或多个，它们保持静默，不受反辐射导弹的攻击；发射系统由 2～3 部发射机等功率、同频、锁相、同步工作，合成一个波束，反辐射导弹只能跟踪其等效相位中心，不会击中其中的任何一个。

美国陆军从 20 世纪 80 年代初就开始为爱国者、霍克等地空导弹武器系统研制分置式雷达。该雷达由 3 部发射机和 1 部接收机组成，接收机与发射机之间相距 500 m，发射机之间相距 300 m。发射机有直线和三角两种配置方式，前者用于对付预知来袭方向的反辐射导弹，后者可以对付任何来袭方向的反辐射导弹。

在上述两种情况下，反辐射导弹对收发系统均不构成威胁。德国 AEG 公司为"霍克"导弹系统研制了高功率辅助照射器（AHPI），其工作频率、调制样式及制导指令等与主照射器完全一致，与主机一起构成了分置式雷达系统。另外，AHPI 也可以独立照射目标，作为诱饵使用。

4. 相控阵雷达

相控阵雷达探测距离远，可以在反辐射导弹的作用距离以外发现其载机，且预警时间长。相控阵雷达的发射功率大，且具有功率管理能力，可使反辐射导弹的导引头在相当远的距离上被强功率饱和，失去制导能力。相控阵天线具有电控波束，变化方式多种多样。主瓣为窄波束，具有一定的低截获性能，使反辐射导弹导引头难以适应。美国的"爱国者"防空导弹系统采用 AN/MPQ-53 相控阵制导雷达，结合多项低截获概率技术，并配置了反辐射导弹诱偏系统，具有很强的对抗反辐射导弹能力。另外，美国的"宙斯盾"，苏联的 SA-10、SA-12 等面空导弹武器系统均采用了相控阵制导雷达。

此外，还可采用机动雷达、隐蔽雷达、无源雷达来对抗反辐射武器。

二、采用低截获概率（LPI）技术

1. 采用宽频带自适应频率捷变技术

对抗反辐射导弹的自适应频率捷变是由随机码控制、随机工作于跳频或频率捷变的工作状态。对这样的雷达，现有的反辐射导弹截获接收机在短时间内很难测得捷变频的中心频率和自适应的规律，不能在短时间内将战地侦察到的数据输入到反辐射导弹威胁数据库来进行目标选择。另外，为了对付自适应频率捷变雷达，必须采取相应的技术措施，如信道化接收机、慢速扫描的高中频法、快速可靠的频率搜索等。由于技术及体积等方面因素的限制，这些技术在反辐射导弹上实现是非常困难的。

2. 提高天线增益，采用窄波束和低旁瓣天线，并使之具有一定的方向图自适应控制能力

雷达天线增益与截获接收机天线增益之比是实现低截获概率的一项重要因子。雷达应充分利用其天线口面，适当选择工作频率，得到尽可能高的增益（若天线尺寸一定，则频率越高，天线增益越大）。而反辐射导弹截获接收机为提高其方位覆盖能力，均采用全向天线。这样，雷达与截获接收机相比可拥有 30～50 dB 的天线增益优势。

雷达发射机主瓣采用窄波束，可减小截获接收机处于主瓣内的概率。同时对波束进行电控，有效地实现功率的方位控制，使截获接收机更难捕获主瓣。为了防止反辐射导弹从旁瓣进入，发射机应尽量压低天线旁瓣。目前，采用旁瓣对消

和自适应零点控制技术可得到 -50dB 以下的旁瓣,并可在特定方向产生辐射零点。

3. 利用扩谱波形、脉冲压缩和相干积累获得高处理增益

高信号处理增益是低截获概率的重要标志。为提高处理增益,雷达发射机可采用线性调频或调相、伪随机序列调制等方式扩展信号带宽,产生扩谱波形。接收机可采用匹配滤波器进行脉冲压缩,获得高峰值的窄脉冲信号。而反辐射导弹截获接收机与信号失配,只能接收低峰值的宽脉冲信号。采用线性调频和脉冲压缩技术可得到 33dB 以上的处理增益。

在天线驻留目标的时间里,雷达接收机对 N 个脉冲进行相干积累可使处理增益提高 N 倍,而反辐射导弹截获接收机最多只能进行非相干积累,使处理增益提高 $\sqrt{N}$ 倍,两者相比雷达接收机拥有 $\sqrt{N}$ 倍的优势。采用高重频脉冲能增加积累脉冲数,但积累时间受到目标运动和允许数据率的限制,所以积累增益一般不可能大于 30dB。对于脉间跳频雷达,由于目标的相位中心可能会明显地随频率移动,因而可采用多信道接收机,在每个频率上得到相干积累,而在不同信道输出可进行非相干积累。

4. 雷达参数的随机化

采用使雷达信号参数随机化的方法,可使反辐射导弹截获接收机即使能探测到雷达辐射信号也很难识别,或使识别变得更加复杂、成本更高。从原理上讲,为了使识别困难,雷达应随机地变化脉宽、脉冲重复频率、脉内调制、天线指向与极化形式等全部参数。当然,如能改变上述部分参数也能起到一定的抗反辐射导弹作用。

除了上面介绍的技术以外,适当的波形设计,如伪随机噪声调制波形、相位编码波形等,也是有效的低截获概率技术。

三、采用诱偏系统对抗反辐射导弹

1. 闪烁诱偏技术

闪烁诱饵是指在雷达附近配置一个诱偏辐射源,在频域和波形上与雷达相同,而在时域上则用计算机根据阵地配置及目标位置进行实时调整,使其辐射信号与雷达信号同时到达反辐射导弹导引头。诱偏源的辐射方向与雷达同步控制,两辐射源可以是相干的,也可以是非相干的,反辐射导弹对两辐射源均不构成威胁。计算机控制诱偏源天线波束与雷达波束同步,可获得较高的精度。两辐射源均是脉冲信号,不用考虑诱偏源对雷达的自身干扰。但是,诱偏源的信号必须与雷达信号同时到达反辐射导弹导引头天线。美国的"爱国者"防空导弹武器系统即采用了"闪烁"诱饵。

2. 两点源相干干扰诱偏技术

两点源相干干扰对付单脉冲雷达的原理同样适用于对抗反辐射导弹。由于反辐射导弹天线波束较宽，且干扰是在地面实施的，两源之间的距离可以拉得较开，因而干扰效果较理想。跟踪雷达有一个很强的连续波照射源持续照射目标，只需在雷达附近配置一个辐射源，其辐射信号与照射源信号相干，在空域上同时跟踪反辐射导弹导引头。搜索雷达不像跟踪雷达那样有一个强的连续波照射，需在雷达附近配置两个干扰辐射源。采用这种系统，两诱偏源幅度相等，相位畸变区正是两个信号互相对消后合成信号的最小方向，此时的干扰信号必须大于雷达脉冲信号一定的倍数。另外，还要解决干扰源对雷达的自身干扰以及两个干扰源天线始终保持对反辐射导弹跟踪的问题，这样就使系统变得非常复杂。采用两点源相干干扰以及两个干扰诱偏的缺点是只能对付特定方向来袭的反辐射导弹，且两诱偏源应具有机动能力。

3. 非相干多点源诱偏技术

非相干多点源诱偏是指在雷达附近合理配置多个干扰源，由雷达控制中心统一指挥顺序开、关机，用来诱偏反辐射导弹。干扰源与雷达对反辐射导弹的张角 θ_{rj} 必须小于偏角 θ_o。若反辐射导弹的最小发射距离为 R_{min}，则雷达与第一干扰源 J_1 的距离 d_1 为

$$d_1 = R_{min} \tan\theta_{rj} \leqslant R_{min}\tan\theta_o \tag{7.1}$$

另外，d_1 还必须大于雷达的安全半径 R_o，二者的关系如下：

$$R_o = \frac{K}{K+1}d_1 \tag{7.2}$$

其中 K 为干扰源与雷达的辐射功率比。由式(7.1)和式(7.2)可确定距离 d_1，同样原理可以依次求出各干扰源之间的距离。

四、对抗反辐射导弹的其他途径

1. 雷达联网

在防空体系中，将不同功能、不同体制、不同作用范围的各种雷达进行联网，由 C^3I 系统统一指挥协调。网内各雷达交替开机，轮番机动，对反辐射导弹构成闪烁电磁环境，使跟踪方向、频率、波形混淆。网内同类型雷达相距较近时可同时开机，使反辐射导弹瞄准中心改变，起到互为诱饵的作用。法国汤姆逊-CSF 公司的防空指挥、协调和通信中心（AAC^3）将"虎-G"远程警戒雷达与"霍克""罗兰特"和"响尾蛇"导弹连的制导雷达以及高炮连的火控雷达联网，进行统一指挥和火力分配，从而有效地对抗反辐射导弹。

2. 辐射控制

辐射控制主要包括：①间歇辐射或闪烁辐射，辐射停止时间大于工作时间的几倍，使反辐射导弹难以保持跟踪；②搜索雷达对某些方位不辐射或有几个"寂静扇区"；③紧急关机，在发现反辐射导弹来袭后雷达立即停止工作；④突然开机，一个防空火力群中只指定一部雷达开机，截获和跟踪目标，其余各火力单元的雷达接收指挥中心转送来的目标航迹参数，静默跟踪目标，待目标进入火力范围时突然开机并快速控制火力攻击目标；⑤除上述之外，采用干扰引信、提高雷达机动能力以及对雷达站进行隐蔽与伪装等措施对反辐射导弹也有一定的对抗作用。

3. 用硬杀伤武器进行拦截

用硬杀伤武器进行拦截包括用激光武器进行拦截、用高能微波武器拦截、用电磁脉冲弹拦截、用粒子束武器拦截、用密集阵火炮拦截和用直升机进行空中拦截等。

未来战争不再是各种武器之间的单兵作战，而是多种武器的协同作战，交战双方将形成"体系"对"体系"的综合对抗局面。雷达与反辐射武器的攻防对抗模式也将发生变化，单靠某种反辐射武器的对抗措施已无法有效对付日益先进的反辐射武器。必须在立足于雷达系统的基础上，上升到整个防空体系的高度进行统筹规划，建立系统对抗的作战思想，才能有效对抗反辐射武器的袭击，夺取决定战争胜负的制空权。

第八章
电磁脉冲弹/高能微波弹防御

第一节 电磁脉冲弹/高能微波弹的特点

1991年海湾战争中，美国海军首次使用了电磁脉冲炸弹。这种炸弹杀伤半径10 km，用来干扰、毁伤伊拉克的防空系统和指挥中心等电子信息系统。1999年，装有试验性高功率微波弹头的战斧式巡航导弹第一次应用于科索沃战场，高功率微波弹以普通炸药为能源，将爆炸能转化为微波能，这种能量能够干扰100 km以上、摧毁几十千米范围内武器的电子设备，使南联盟方圆数十千米内的电子装备（包括雷达、计算机、电视机、电话机、手机等）受到严重的物理损伤。2005年美国雷声公司在研的"地基高功率微波"（HPM）反导系统工作在X波段，使用的2～12 GHz宽频脉冲，使用大尺寸的天线，输出功率大，产生的宽带脉冲微波能量能够干扰160 km、摧毁几十千米范围内武器的电子器件。

电磁脉冲弹/高能微波弹是一种大规模的摧毁电子系统武器，是一种爆炸时产生强电磁辐射的炸弹，可以用炮射、战术导弹运载或空投等方式将它掷向目标附近爆炸。因此，在电子战中，电磁武器是指挥控制中心和通信系统的"克星"，是一种重要的军力倍增器。

电磁脉冲一词源于大自然中的一种闪电现象。闪电时，带有不同电荷的云层、云地之间有很强的电流在很短的时间里通过一条电流通道，这条通道附近即刻产生一强大的瞬变电磁场，即电磁脉冲。电磁脉冲一词军事上也有两种来源，一种是核致电磁脉冲，另一种是高能微波技术。

1962年7月，美国在太平洋约翰斯顿环礁岛上空400 km爆炸的一颗1.4×10^6 t当量级的核装置，1 s后使1 300 km以外夏威夷岛上的电气设备发生故障，电子指挥控制系统、通信、监视系统全部失去控制，使相距甚远的阿胡岛上的300盏路灯灯丝烧毁，8 000 km外檀香山的数百万防盗报警器开始振铃报警，许多电力线路网络跳闸断路。另外，电网上感应的尖脉冲还通过电源线进入计算机和电子设备，使大面积的电子系统功能紊乱或遭受破坏。1961年，苏联在新地岛进行的一次6×10^7 t当量级的空中核试验，造成了美国阿拉斯加和格陵兰的预警雷达和 4 000 km 范围内的远程通信失灵达 24 h 之久。

经研究发现,这些破坏效应是占核爆炸释放能量 0.01%～0.03% 的核电磁脉冲造成的。核爆炸期间,除产生冲击波、光热辐射、贯穿辐射和放射性辐射之外,还有第五种效应——电磁脉冲效应,即电磁冲击波,其峰值电场可达 $5×10^4$ V/m 量级,在一定距离上的电子设备中会感应出一个较为强大的浪涌电压和电流,这个浪涌信号会使一些缺乏足够防护能力的电子器件遭受毁伤。一枚大型电磁炸弹所产生的电流要比一次典型的雷击产生的电流大 10～1 000 倍。

电磁炸弹根据产生电磁脉冲的频段分为两类,一类辐射的电磁波主频率通常在 1～30 GHz 的微波波段,称为高能微波(HPM)弹;另一类辐射的频率在 1MHz 以下,称为电磁脉冲弹。电磁脉冲弹又可分为核致电磁脉冲弹和高能电磁脉冲弹两种。这些武器由于具有大的天线尺寸和大的输出功率,所以作用距离远、破坏力很强。

电磁炸弹的特点如下。

(1) 具有全天候作战能力。电磁炸弹利用射到空中的强电磁波杀伤和破坏目标,在大气中这种高功率电磁波不存在严重的传输衰减问题,因此它具有全天候作战的能力。

(2) 能杀伤多种目标和隐身武器。由于电磁炸弹发出的强电磁波束比较宽,因此一般情况下能淹没目标,并能杀伤多个目标。隐身武器主要是通过外表采用吸附材料吸收雷达波而达到隐身,而电磁炸弹能够提供更高的能量密度,使隐身武器吸收更多的能量,轻者使隐身目标外壳强度受损而变形,重者能够烧穿或烧毁隐身目标。

从原则上讲,要摧毁一个电子设备,只要很小的射频辐射感应的脉冲电流就能击穿其半导体元件,这个能量为利用冲击波和弹片摧毁目标所需的能量的数万分之一。例如,为使一导弹失效,使用每片质量大于 1 g 的弹片每平方米需要 $10×10^5$ J 的能量,使用冲击波每平方米也需要 $5×10^4$ J,而使用 1 μs 宽度的射频脉冲每平方米只需 5 J。

在估价电磁炸弹的效率时,还应考虑到其中由爆炸能量转换成射频电磁波辐射的能量的比例很小,与由爆炸能量转换成弹片动能或冲击波的能量相比,前者只为后者的 $(10^{-5}～10^{-6})$%。因此电磁炸弹的总效率与传统武器的效率相比并不非常高。

电磁炸弹不仅能压制射频段的电子设备,还能对付红外和光电设备。

(3) 对瞄准精度要求不高。电磁炸弹产生的强电磁波通过天线发射出去,对天线的要求不一定统一,可以根据作战实际需求,选择定向或全向天线。同时在传输过程中,通过衍射可以造成足够大的斑点,以弥补跟踪和瞄准的不足。图

8.1、图 8.2 为电磁脉冲弹的 2 种图形。

图 8.1　电磁脉冲武器

图 8.2　电磁脉冲武器剖面图

第二节　电磁脉冲弹/高能微波弹对指挥信息系统的严重威胁

最近几年，C^4ISR 系统正在向集成化、智能化、灵巧化的方向发展，这极大地提高了 C^4ISR 系统的效率和武器的功能，但同时也降低了 C^4ISR 系统对电磁能量的防护能力，为电磁炸弹的发展提供了良好条件。电磁炸弹对 C^4ISR 系统的威胁是由它的作战效能体现出来的。

1. 干扰作用

电磁炸弹采用与战场干扰系统相同的工作方式对敌方的电子系统进行干扰，产生足以暂时扰乱或致盲敌方系统的电磁波和微波功率，起到超级干扰机的作用。当使用（0.01～1）$\mu W/cm^2$ 能量密度的微波波束照射目标时，就会使在相应频段上的雷达、通信设备和导航系统无法正常工作；当能量密度达到（0.01～1）W/cm^2 时，可使小型计算机系统的芯片失效或烧毁，还会导致雷达、通信和导航设备的微波器件性能下降或失效。目前采用的频率捷变抗干扰手段对其还发挥不了作用。

2. 软杀伤作用

当使用能量密度为（10～100）W/cm^2 的强微波波束照射目标时，其辐射形成的电磁场可以在金属的表面产生感应电流，通过天线、导线、金属开口或缝隙进入指挥控制系统和飞机、导弹、卫星、坦克等武器系统的电子设备电路当中，如果电流较大就会使电路功能紊乱、产生误码、中断数据或中断信息传输，抹掉计算机存储信息。如果感应电流很大，则会烧毁电路中的元器件，使电子装备和武器系统失效。

3. 硬杀伤作用

当使用能量密度为（1~10）kW/cm^2 的强微波波束照射目标时，能在瞬间摧毁目标，引爆导弹、炸弹和核弹等武器。

由此，电磁炸弹对 C^4ISR 系统的威胁主要有以下几方面。

（1）对 C^4ISR 计算机系统的威胁。采用了大规模集成电路的计算机平台是 C^4ISR 系统的大脑和神经中枢，但大规模集成电路抗高能电磁武器的能力非常薄弱。当电磁炸弹爆炸时，强大的电磁脉冲所产生的电磁场耦合到计算机电路之中感应出强大的电流，使数字逻辑电路发生瞬时可恢复翻转或永久性的翻转，降低电子元器件的性能，使计算机系统无法正常工作，甚至烧毁电子元器件。也可能触发系统内部的电路，使之产生工作方式的紊乱。随着超大规模固体集成技术的发展，硅片上容纳的元器件和电路的数量一直在迅速增长，使得电子器件正常工作的电流和电压电平以及可能导致损坏的功率都在慢慢降低，这些都使得计算机系统一受到电磁炸弹的攻击就遭到损坏。

（2）对 C^4ISR 通信网络的威胁。各种类型的通信设备，由于其内部高灵敏度的高频晶体管和电子管极易被瞬时高电压破坏，因而已被集成电路、大规模集成电路广泛取代。但集成电路抗电磁脉冲的能力仅为晶体管的 $1/10^3$，电子管的 $1/10^4$。通信设备数量的剧增和设备本身抗毁能力的下降，使得通信网络遭受电磁炸弹打击的可能性大大提高。1984年，美国研制的一种电磁脉冲发生器，它将炸药的化学能直接转化为脉冲电磁能，用 $18\ cm \times 43\ cm$ 的弹药桶产生了 GW 级的功率，在无抗辐射条件下能使 7 km 范围内的集成电路全部损坏。

电磁炸弹对通信系统的威胁还在于对通信信道的破坏。众所周知，电磁脉冲的产生必然伴随附加电离区的出现，这种附加电离区将对通信信道造成严重的破坏。

（3）对 C^4ISR 卫星系统的威胁。侦察卫星、通信卫星、雷达卫星、导航定位卫星都是 C^4ISR 系统的重要组成部分，它们为 C^4ISR 系统数据的快速、准确、及时传递提供了保证。电磁炸弹使卫星系统的性能严重恶化的途径有三：一是对传播路径的破坏，二是对空间段的威胁，三是对地面段的威胁。

（4）对 C^4ISR 人员的威胁。电磁脉冲对人员的损伤主要是"热效应"和"非热效应"作用的结果。根据频率的不同，分别产生不同的作用效果。根据美国克拉拉多大学科学家的实验证明，小于 $0.1\ J/m^2$ 的电磁脉冲和微波，持续时间 0.1~$100\ ms$，可暂时改变神经细胞的活动。通过对人体的试验表明，人接收电磁脉冲和微波功率的密度达到 10~50 mW/cm^2 时，将痉挛或失去知觉；达到 $100\ mW/cm^2$ 时，心肺功能将会衰弱；达到 $0.5\ W/cm^2$ 时，将会烧伤人体皮肤；

达到 20 W/cm² 时，2 s 可造成 Ⅲ 度烧伤；达到 80 W/cm² 时，1 s 可将人烧死。从这些实验结果可以看出，无论是"热效应"还是"非热效应"，电磁脉冲和微波都对战场作战人员的生存构成了巨大的威胁。

第三节　电磁脉冲弹/高能微波弹防御技术

电磁炸弹的作战效能与两个因素有关：一是各类目标的电磁防护或抗毁能力；二是其耦合效率，只有当能量耦合进目标时，才能产生有效的破坏力。

电磁炸弹主要的耦合方式有两种：前门耦合和后门耦合。前者是指电磁炸弹的能量直接耦合进电子设备；后者则指电磁炸弹所产生的电磁场在设备之间的连线、电力线、电话网连接线中产生出一个较大的瞬时电流（由低频武器产生时，称尖峰信号）或电子驻波（由高功率微波武器产生时），与暴露的电缆相连接的设备容易受到瞬时高压尖峰信号或驻波信号的冲击，造成损坏。

低频武器能较好地耦合进普通的线路结构之中。大多数的电话线、网络连线和供电线是沿街道、建筑物内的通道敷设的，因此，缆线的走向通常不是沿一条直线而常常是沿近似的直角拐弯，所以无论电磁炸弹的电磁场相对方向怎样，缆线上总会有某段的方向与之相同，这就能产生较好的耦合效果。

高能微波（HPM）武器对后门耦合更有利。试验表明，当微波强度为 0.01～1 μW/cm² 时，可以干扰工作在相应频率的雷达和通信设备，使之无法工作；增加到 1～10 μW/cm² 时，可使通信、雷达、导航等系统的微波电子元器件失效或烧毁；增加到 10～100 W/cm² 时，可使电路功能紊乱，烧毁各类电子元器件；当强度达到 1 000～10 000 W/cm² 时，会在极短时间内烧毁目标。

电磁波以光速从爆炸点传播，能被远距离的金属或其他导体所收集，此时，辐射能转换成强电流或高电压浪涌，对电子或电气设备以及连接该系统的其他器件造成破坏。实际上，即使不与相应的器件连接，收集了电磁脉冲能量的集流环也会感应起电，或者飞弧传到未连接的导体。

随着电磁炸弹的发展及其在信息战中的推广应用，可以预料，未来战争必将涌现出能适应各种战略战术需要的电磁炸弹序列。这将对指挥控制系统的电子设备构成新的严重威胁。

由于目前还缺乏电磁炸弹战场运用的实际效果和数据，所以还不可能十分准确地探索出有关反电磁炸弹的方式方法，这里根据其工作原理和使用方式提出一些对策（见图 8.3）。

1. 以攻代防，设法摧毁敌电磁炸弹的发射源

对电磁炸弹最有效的防护手段当然是设法摧毁敌方的投放平台或飞行器，消

除其发射源。及时拦截和摧毁其运输载体,以保证在敌方释放电磁炸弹之前摧毁载体,或在武器爆炸前将其摧毁。

同时,还应注意搜集敌方电磁炸弹的详细资料,建立敌方电磁炸弹数据库。该数据库的内容包括:电磁脉冲弹和高能微波弹及其运输载体,包括飞机和导弹的型号,敌方电磁炸弹使用前的征候,例如对方为实施电磁打击而进行的侦察和兵力调动等迹象。

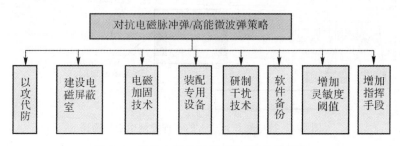

图 8.3 对抗电磁脉冲弹/高能微波弹策略

2. 电磁屏蔽,切断电磁脉冲的传输途径

切断电磁脉冲传播途径最有效的手段是把重要的指挥控制中心建成电磁屏蔽室(见图 8.4)。电磁屏蔽是用金属屏蔽材料将电磁干扰源封闭起来,使其外部电磁场强度低于允许值的一种措施。电磁屏蔽是切断电磁脉冲传播途径的一种方法,其中最有效的方法是使电子设备完全置于一个导电的箱体——"法拉第笼"内,这种箱体不让电磁场到达被保护的设备。屏蔽技术的原理是使用导电性能良好的金属网或金属板造成六个面的屏蔽室或屏蔽笼将产生电磁辐射的指挥所系统及设备包围起来并且良好接地,抑制和阻挡电磁波在空中的传播。设计和安装良好的屏蔽室对电磁辐射的屏蔽效果非常明显。国内已有很多厂家可以生产出高效能的屏蔽室。其主要的产品有双层铜网可拆卸式屏蔽室和单(双)层钢板可拆卸式电磁屏蔽室。实施屏蔽的关键在于屏蔽材料的性能,特别是衬垫对屏蔽的效果影响很大。阻碍屏蔽技术普遍应用的问题是屏蔽室的设计、安装和施工要求都相当高,造价非常昂贵。

但是,所有的电子设备都要获得电力,也都要与外界通信,这些进入点为电磁炸弹的电气瞬态过程的进入提供了机会。可以改用光纤通信以满足传送数据进出的要求,还必须对所有的供电、导电通路在进入箱体的地方加装电磁抑制器件。在选择各型电磁抑制器件的参数时必须保证它们能处置电磁装置产生的电磁瞬态过程的上升时间和强度。电磁屏蔽的目的,一是防止外来电磁脉冲进入指挥控制中心;二是限制内部辐射的电磁能量泄露出去,以防止基地的辐射信号被敌方电磁炸弹瞄准。

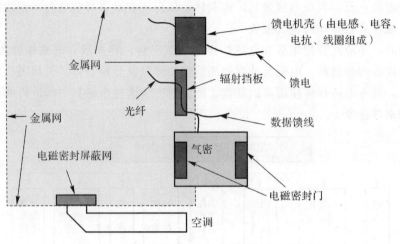

图 8.4 抗电磁炸弹攻击的指挥控制中心平面图

3. 电磁加固 C^4ISR 系统及其设备

对 C^4ISR 系统及其设备进行加固，十分重要的是必须在系统一级进行，因为一个复杂系统的任何一个元器件的电磁损坏都会导致整个系统功能的丧失。旧有的系统和设备不可能得到理想的加固，可能需要全部更换，也就是说，在设计时进行加固比对现有系统和设备的加固要容易得多。

对整个电子系统而言，其线、缆、孔缝等各种电磁能量通道是防护的重点。国外军事装备及其有关设备，在设计时就已考虑了电磁脉冲的危害，并在实践中形成电磁加固技术的一系列准则，其中包括：①采用全封闭的电磁脉冲屏障，这个屏障包括屏蔽体和各种屏蔽元件；②尽量少用和缩短连线，尽可能消除回路；③使用高效屏蔽电缆和对电磁脉冲无耦合作用的光纤；④选择灵敏度最低的电子线路部件、配线滤波线路和终端保护器件等；⑤还必须对每台电子设备进行接地处理或滤波。

接地处理是将电子设备通过适当的方法和途径与大地连接以提高电子设备电路系统工作的稳定性，有效地抑制外界电磁场的影响，避免机壳电荷积累过多导致放电而造成的干扰和损坏。

滤波是为了预防不希望的电磁振荡沿与设备相连的任何外部连线传入设备。滤波由滤波器来完成。滤波器可以由电阻、电感、电容一类无源或有源器件组成选择性网络，以阻止有用频带之外的其余成分通过，完成滤波作用；也可以由铁氧体一类有损耗材料组成，由它把不希望的频率成分吸收掉，达到滤波的作用。

话音、数据和军方的通信网应采取足够的冗余度和故障跨越（failover）机理的拓扑结构，以便在多个节点和线路不工作的情况下网络仍可工作，这样敌方的电磁炸弹就不能只进行一次或少数几次的攻击、破坏一个或几个节点（或线路）而达到使整个网络或使网络的大部分功能丧失的目的。

除了通过硬件加固来提高系统和设备对电磁脉冲的防护能力外，对电磁炸弹的攻击给予适当的报警并采取简单的措施也可降低损失，如将作战系统暴露的天线收回或与设备断路，断开电子对抗设备的电源、天线和外接线，对天线接收通道和外接电缆设置保护电路，关闭整个系统的各种门窗、空隙，极易受损的系统和设备如指挥控制系统、计算机和数据中心等在接到报警后切断电源等都可以起到一定的防护作用。遭敌袭击后，应当组织对电子对抗设备的检修，及时更新损坏的元器件，迅速恢复战斗力。

目前，俄、美都在研制一种性能优良的防护强电磁武器的装置，以克服实战时对友邻部队电子设备使用的影响。

4. 研制并装配防电磁炸弹专用设备

我国某气象研究所研制的防浪涌、防雷、滤高频干扰的电源稳压器系列产品，从高频、电源、信号线三个方面着手对雷电进行了十分有效的防护。可以在已有技术的基础上设计出防各型电磁炸弹的指挥控制中心的专用设备和器件。

5. 研制电磁脉冲干扰技术

电磁脉冲干扰技术主要有以下三种：第一种是电磁脉冲吸收弹，第二种是箔条干扰弹，第三种是施放虚假的指挥信息系统。

6. 进行软件储备

当电磁炸弹不足以对指控系统和电子设备的硬件构成损坏时，也会对其产生干扰。由于此时系统的故障具有暂时、间歇性的特点，用硬件解决比较困难，因此应用计算机软件解决该问题也成为防御电磁炸弹攻击的一个重要方面。

电磁炸弹产生的强电磁脉冲随机性较大、脉冲短、很难预测，在一定的功率密度下计算机软件能对付具有瞬时性、随机性的干扰。软件对抗是一种廉价、灵活、方便的方式，一方面可以用软件去取代某些硬件的功能，另一方面可以用备份软件来替换造成干扰破坏的部分。

7. 增加装备敏感度阈值

接收机灵敏度是指保持接收机正常工作的最小可接收信号的强度，简单地讲，如果链路方程式中的接收功率值等于或大于接收机的灵敏度，接收机就能正常工作，也就是说接收机能正常接收包含在发射信号中的信息；反之，如果接收功率值低于灵敏度，那么获取信号的质量将远远低于规定的要求。

8. 增加战场信息渠道，扩充指挥手段

强电磁脉冲对目标的破坏，就等于堵塞了指挥员战略、战术的信息来源。因此，在未来战争中指挥员应竭尽全力，采取各种措施，增加战场信息渠道，扩充指挥手段，既要使用高技术的现代化指挥设备，也要使用传统的指挥手段，以应付各种复杂的战场变化。因战场情况、作战双方投入的兵力兵器、作战的实际需要实施作战指挥，以应付电磁炸弹的突然打击。

第九章
生物武器防御

第一节 生物武器的分类及其特点

截至2001年11月8日,继9·11事件后,美国在一个月之内又接连遭到15起炭疽生物恐怖事件的袭击。恐怖分子将装有炭疽芽孢的白色粉末装入邮件或邮包之中,工作人员在分拣信件或打开邮包时,炭疽芽孢粉末随即悬浮在空气中造成污染,工作人员因吸入炭疽气溶胶而感染。16名炭疽感染者大多是皮肤、呼吸道或消化道感染,4名死亡病例都因呼吸道感染而丧生于肺炭疽,还有1名7个月大的婴儿也被父母传染上皮肤炭疽。由此炭疽生物恐怖震动了全世界。

炭疽是一种古老的疾病,我国的《黄帝内经》和西方的《圣经》中均有记载,曾多次给人类生命财产带来巨大的灾难。

炭疽是一类较容易制造的生物武器。

生物武器与核武器、化学武器一起,因其具有的独特大规模杀伤和破坏作用而被统称为特种武器。应用生物武器达到军事目的的行动叫生物战,旧称细菌战。

迄今为止,生物武器的研制和发展一直是世界各军事大国关注的敏感问题,虽然国际社会已制定了《禁止生物武器公约》,但某些国家秘密研究和生产生物武器的活动并未就此停止。特别是当分子生物学技术被运用于军事领域之后,它导致了新一轮的生物武器的研制竞赛。由此,人类仍然处在生物武器构成的严重威胁之中。

生物武器由生物战剂及其施放装置构成,用来杀伤人、畜和毁坏农作物。生物战剂由产生毒素的致病微生物组成,施放装置包括气溶胶发生器、炮弹、导弹、航空炸弹等装载生物战剂的容器。运载系统可以是飞机、大炮、军舰等。

根据军事需要,生物战剂的分类如下。

(1)致死性与失能性战剂。病死率在10%以上的属致死性战剂,如炭疽杆菌、鼠疫杆菌、天花病毒等。病死率在10%以下的属失能性战剂,如Q热立克次体、布鲁氏杆菌等可在一定时间内使大量人员丧失战斗力和劳动能力。

（2）传染性与非传染性战剂。传染性生物战剂能使被袭击的人群感染发病，相互传染流行，使人员丧失战斗力甚至死亡。非传染性战剂不一定致死，但可造成心理恐慌。

（3）新生物战剂。主要是从非洲某地搜集到的一些新病毒，如马尔堡病毒、埃博拉病毒、拉沙出血热病毒等。

（4）基因战剂。基于分子生物学技术，利用基因重组方法进行遗传物质的重组、定向控制和改变微生物性状，从而获得符合生物战剂要求的致病力更强的生物战剂。

（5）按照微生物分类方式，生物战剂又可分为 6 类 28 种。①病毒性战剂：主要有天花、黄热、登革热、森林脑炎、裂谷热、委内瑞拉马脑炎、东方和西方马脑脊髓炎等。②细菌性战剂：主要有炭疽杆菌、鼠疫杆菌、霍乱弧菌、类鼻疽杆菌、野兔热杆菌、布鲁氏杆菌、军团杆菌等。③立克次体类战剂：主要有 Q 热立克次体、立氏立克次体、普氏立克次体等。④衣原体类战剂：主要有鸟疫（鹦鹉热）衣原体、肺炎衣原体等。⑤毒素类战剂：主要有肉毒杆菌毒素、葡萄球菌肠菌毒等。⑥真菌类战剂：主要有球孢子菌、荚膜组织胞浆菌等。

目前，美国已将这 6 类生物战剂列为标准生物战剂，并已装备作战部队。

一、生物武器的特点

1. 传染性极强

生物战剂绝大多数是烈性传染病病原体，一旦发病，极易传播人群。历史上曾多次发生炭疽、鼠疫、霍乱等急性传染病从一个洲传播到另一个洲的大流行，曾数次使人类遭受巨大灾难。

2. 杀伤面积大

生物武器的杀伤面积比核武器、化学武器都大。假如用一架战略轰炸机所装载的核武器、化学武器和生物武器对全无防护的人群进行模拟杀伤，它们的杀伤面积分别为核武器（100 万 t 级）300 km^2，化学武器（15 t 神经毒气）60 km^2，而生物武器（10 t 生物战剂）大于 10^6 km^2。

3. 生产容易，成本低廉

在科学技术高度发展的今天，研制生物战剂的培养工艺和自动化生产设备已经比较成熟和完善。它所需要的原料主要来自农牧产品，成本低廉、原料丰富。据测算进行一次大规模模拟攻击，每平方千米所需成本为：常规武器，2 000 美元；核武器，800 美元；化学武器，600 美元；而生物武器仅需 1 美元。因此有人也把生物武器称作"穷人的原子弹"。

4. 专一性强

生物战剂能使人、畜、农作物等生物致病,对于没有生命的武器装备、军事物资及生活物资等则没有破坏作用。这一特点在军事上具有特殊的优越性,因为袭击成功后,攻击方可以立即获得并使用占领区内的一切物资。

5. 杀伤效能不易控制和预测

生物战剂在储存、运输和施放过程中都会不断死亡和降解,杀伤效能不易控制和预测。而且它受自然条件和社会条件的影响较大。

生物武器与核武器、化学武器的参数比较见表9.1。

表 9.1 生物武器与核武器、化学武器的参数比较

参数 \ 武器种类	核武器	化学武器	生物武器
一架战略轰炸机所载弹药的杀伤面积/km²	300	60	10^6
一次大规模攻击,每平方公里所需的成本/美元	800	600	1

二、炭疽病的种类及其顽固性

生物战剂和生物恐怖武器两者之间没有本质的区别,只有应用时空和规模的差异。例如炭疽杆菌是生物战剂,但在美国"炭疽邮件"事件中,炭疽杆菌又成了生物恐怖武器。

由于炭疽芽孢杆菌可以大量生产储存,芽孢抵抗力极强,且可用气溶胶施放;可经皮肤、消化道和呼吸道等多种途径感染;炭疽杆菌可与其他战剂合并施放而增强了战剂的杀伤性能;重组基因炭疽杆菌可使现有的诊、检、消、防、治措施全部失效。因此,炭疽已成为发动生物战争、制造生物恐怖的首选武器。

炭疽是国际国内法定乙级传染病。炭疽病的种类如下。

(1) 皮肤炭疽。最为常见,约占炭疽病例的95%。细菌通过皮肤伤口进入机体,经1~5日潜伏期,皮肤出现出血性皮疹和周围大面积水肿,随后出现坏死、溃疡并形成黑痂。美国2002年的炭疽事件现已确证感染者16例,其中12例为皮肤炭疽。此型炭疽如及时治疗,一般不会死亡。

(2) 肺炭疽。这是最严重、最凶险、病死率极高的一型,细菌通过呼吸道而感染。最初起病具有感冒样症状,随后加重表现为寒战、高烧、气急、紫绀、呼吸困难、胸痛、吐血性痰等。病情危重,常并发败血症和感染性休克,短期内因

呼吸衰竭而死亡。美国的4例死亡病例均为吸入性肺炭疽,发病后48h内丧命。

(3) 肠炭疽。由于进食含有炭疽杆菌污染的肉类而感染,主要表现为剧烈的腹泻、腹痛、呕吐、血样水便、高热等症状。肠炭疽常由于诊断延误而未能及时治疗,占炭疽死亡病例的25%～60%。

(4) 脑膜型炭疽。多继发于伴有败血症的各型炭疽,主要表现为剧烈头痛、呕吐、抽搐和明显脑膜刺激症状。病情凶险且发展极为迅猛,患者多于起病48h内死亡。

(5) 败血症型炭疽。多继发于肺炭疽和肠炭疽,常伴有高热、头痛、出血、呕吐、毒血症及感染性休克,病死率很高。

三、消灭炭疽谈何容易

众所周知,天花已在全球消灭,脊髓灰质炎(小儿麻痹症)随着糖丸疫苗的推广,也在世界许多地区得到了控制。然而消灭炭疽就没那么容易,因为所有芽孢杆菌都能形成芽孢保护自己,炭疽芽孢杆菌也不例外。当遇到不适合生长的环境条件时,炭疽杆菌菌体内部的生命物质就会浓缩,在其周围形成数层坚硬的壳体,壳外部分结构消失,这样就在原菌体内形成一个圆形或卵圆形小体,即称芽孢。一旦营养充足,硬壳就被溶解,芽孢发芽,又会形成新的菌体。炭疽芽孢对热力、干燥、辐射、化学消毒剂等理化因素均有强大的抵抗力,即使在100℃沸水中也能存活数小时。草原、森林、牧区、海岛、农田、荒地一旦被炭疽芽孢污染就极难消除。例如,1942年第二次世界大战期间,英国以羊为试验对象,在大西洋格林尼亚德岛进行了浓缩炭疽芽孢生物弹的威力试验。经多次试验获得了成功,羊群全部死亡。为了消除岛上的污染,英国用喷火器烧遍岛上的所有野草。当时一条条火龙向四周喷吐,大火映红天幕,地面浓烟滚滚,岛屿发出焦糊气味,他们认为炭疽芽孢污染已被消除。可经过55年后再次检验证明,岛上仍被炭疽芽孢严重污染,并且还可能延续几十年甚至上百年。于是,烧焦的小岛被再次封闭起来。

尽管当今科技已有了长足的发展,但却至今未能找到消除大面积炭疽芽孢污染的有效方法。消灭炭疽任重而道远,人们寄希望于分子生物技术的发展,以从中发现消除炭疽的突破口,为消灭炭疽带来一线曙光。

第二节 生物武器对指挥信息系统的危害

生物武器的重点攻击对象是军队的指挥中心、基地及其作战人员。生物战剂被装填于导弹、炮弹或航空炸弹之中,然后投向敌军事指挥机关或重要的军事目标，其杀伤效果难以估量，而造成的心理恐惧更为巨大。

第二次世界大战期间，德、日、英、美、苏等军事强国相继建立了生物武器研制机构，制造和使用生物武器。臭名昭著的日军731细菌战部队曾于1935年在我国东北建立了规模庞大的杀人魔窟——生物武器研制机构，还在北京、南京、广州等地设立分支机构。日军研制过的生物战剂有炭疽杆菌、鼠疫杆菌、霍乱弧菌、伤寒杆菌等。日军还惨无人道地把我国同胞用作活人细菌实验和活人解剖，遭受残害者多达1500人。1940—1945年日军731部队曾多次对我国浙江、湖南、河南、河北及东北等地的军民使用生物武器，使宁波、常德等地发生炭疽、鼠疫流行，先后使700多人死亡。1952年美军在侵朝战争中曾在我国东北和朝鲜撒布炭疽芽孢的羽毛、黑蝇、狼蛛等，引起发病和死亡。

1. 炭疽粉末的传播方式

（1）传染源是含有炭疽芽孢或毒素的冻干白色粉末。这种白色粉末含有高浓度病原体或其毒素，因而具有极强的传染性和感染性。

（2）感染途径有三种：皮肤接触感染、呼吸道感染以及经皮肤、消化道和呼吸道的混合感染。

（3）易受感染人群相当广泛，没有选择性。这次美国的炭疽感染者有男性、女性，老年人（最高73岁）、婴儿（7个月）和中青年人，白人和黑人。职业包括警察、实验室技术员、编辑、记者、工人、职员等。

2. 生物武器的最新发展动向

（1）新病毒性战剂增多。近年来，由于病毒分离培养技术的研究成功，对人、畜致病的新病毒不断发现，如出血热病毒、马尔堡病毒、埃博拉病毒及拉沙热病毒等。这些病毒对人的传染性极强，病死率很高。

（2）新毒素性战剂受到高度重视。多种生物毒素和一些人工合成的生物活性肽可能成为新的生物战剂，如炭疽毒素、肉毒毒素、河豚毒素、真菌T-2毒素等。

分子生物技术为生物毒素的提取和人工合成创造了条件，可能导致未来毒素战剂研制取得实质性的进展。

（3）战剂混合使用。多种生物战剂混合感染会使感染者病情加重，诊断治疗困难，治愈率低，病死率极高。生物战剂还可以与化学战剂和放射性战剂同时使用，使受害者抵抗力降低，死亡率提高。

（4）发展气溶胶攻击方法。使生物战剂干粉或液体微粒悬浮在空气之中的方法称为生物战剂气溶胶。它是一种以呼吸道感染为主的混合感染方式。这种生物气溶胶无色、无嗅，人们即使处于充满这种气溶胶的环境之中也无法察觉。生物气溶胶可随流动空气进入没有过滤设备密闭的指挥中心、工事、车辆、飞机和舰艇的内部,造成极大的危害性。

第三节 生物武器防御策略

自 2001 年美国遭受炭疽袭击和 9·11 事件之后,世界各国对国家安全的判断标准发生了根本性的变化,防护生物恐怖袭击成为重要的一环,我国也不例外。

1. 正确识别和处理"炭疽邮件"

(1) 可疑邮件迹象识别方法。炭疽邮件多没有回邮地址或具有限制性标示(如×××亲收);大多从国外寄出,贴付邮资较多;书写文字有误,只写收件人职务或头衔,而且多不准确;信件内夹有硬物或凸起;常有异味;包装纸上常有油渍、脱色或结晶状物体;包装不平整,包装胶带或线绳较多。

(2) 可疑邮包处理方法。对可疑邮包应小心轻放、切勿摇晃或碰撞;单独摆放、仔细检查是否有可疑迹象;切勿打开,不要嗅,更不要用舌舔;尽快报警。如果邮包已打开并发现有白色粉末,应立即疏散,并与其他物品隔离;接触过邮件的手切勿触摸其他地方,立即用温水和肥皂洗手、洗头、洗澡;尽快报警、切勿自行处理。

2. 防范生物武器袭击的消毒方法

防范生物武器袭击的经济实用的消毒方法很多,具体有以下几种。

(1) 焚烧。对于可疑的邮件、邮包,以及被白色粉末污染的衣物、杂物等,都可用焚烧的办法消灭病菌。

(2) 干热。将可疑信件用温度为 200~250℃热熨斗熨烫,细菌在 5~10 s、芽孢在 50 s 内即可死亡,完全可达到消毒灭菌的目的。也可将可疑信件、邮包放入微波炉,开到最高挡,5~10 min 即可灭菌。

(3) 煮沸。将被污染的衣服、器皿等用水淹没并在水中加入 1%~2% 的苏打或 0.5% 的肥皂煮沸,1~2 h 细菌及毒素即可被杀灭,样似煮熟的鸡蛋。

(4) 洗衣粉和漂白粉。1%~2% 浓度的洗衣粉溶液可在 30 min 内杀灭 99% 以上的皮肤上的病菌。用肥皂水洗手也有同样的效果。用漂白粉浸泡 1h,99% 的芽孢就能被杀死。

(5) 碘伏。炭疽芽孢对碘很敏感,1∶2 500 碘溶液经 10 min 即可破坏芽孢。碘伏对皮肤、衣物、地板、墙壁等也是很好的消毒剂。

(6) 甲醛。也称福尔马林,是醛类消毒剂中最有效的杀菌、杀芽孢制剂。可用于较大面积的消毒,如指挥中心、房间、建筑物及其小区。具体方法:甲醛量按 100 mL/m³,再加入 2 倍的水,然后加热蒸发形成烟雾熏杀,房间密闭 24h 即可将病菌芽孢消灭。再泼洒同体积 100 mL/m³ 的浓氨水以中和甲醛的刺激气味,密闭 12h 后,开窗通风 1～2h,即可完全彻底地达到消毒目的。

炭疽治疗。治疗炭疽的首选药物是抗生素,其中青霉素非常敏感。抗生素可以有效杀死炭疽杆菌,但对炭疽毒素却无效,这就是中晚期炭疽患者即使使用大剂量抗生素也难以奏效的原因。抗毒素血清对炭疽毒素有一定的治疗效果。

时间是治疗的关键,对炭疽应早发现、早治疗。若治疗不及时,再高级的抗生素也回天无力。

炭疽预防。严密隔离病人,严格消毒病人排泄物;禁止食用病畜肉类,病死畜应火化后深埋,严防细菌污染泥土、河流和水源;对付炭疽生物武器最有效的措施就是接种炭疽疫苗,其有效保护率高达 93%。

3. 防范生物武器袭击的常备物品

(1) 饮用水。敌方或恐怖分子常用生物毒剂污染水源、攻击指挥中心、毒害人群,制造社会和心理恐慌。为防止水源污染造成中毒事件的发生,特别时期,常备饮用水是必需的。

(2) 口罩。敌方或恐怖分子进行生物袭击的突发性极强,甚至特制的生物报警器也无能为力,作战指挥人员不可能整天戴着防毒面罩等待生物恐怖的发生,而口罩在大多数情况下可能更为有效。

(3) 抗生素。当敌方或恐怖分子使用炭疽芽孢袭击人群和指挥中心时,可备用青霉素、四环素及卷曲霉素等抗生素类药物。

参 考 文 献

[1] 蒲星. 巡航导弹航迹规划方法优化研究 [D]. 南京：南京理工大学，2013.
[2] 谢晓方等. 反舰导弹航路规划技术 [M]. 北京：国防工业出版社，2010.
[3] 刘兴. 防空防天信息系统及其一体化技术 [M]. 北京：国防工业出版社，2009.
[4] 李世祥. 光电对抗技术 [M]. 长沙：国防科技大学出版社，2000.